처음 만드는 동물 목각 인형

따라하다 보면 작품이 되는 목조각 입문

처음 만드는 동물 목각 인형

하시모토 미오 지음 | 이지수 옮김

심플라이프

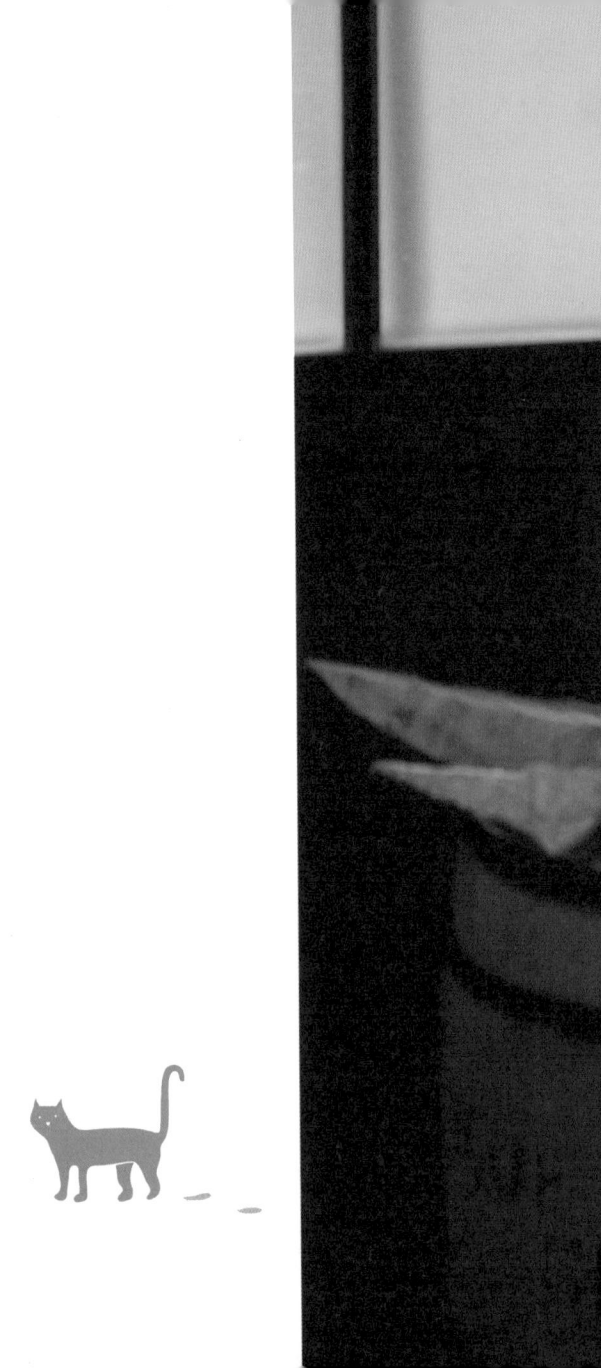

미술을 시작하기 전, 저에게 풍경이나 동물은 그저 보기 좋은 대상에 불과했습니다.
나무를 보고 예쁘다고 생각한 적은 있지만 풍경의 일부로 무심히 바라보기만 했죠.
그러다 직접 그림을 그리고, 나무를 깎아 뭔가를 만드는 공부를 하면서
자연이 얼마나 아름다운지, 소재가 얼마나 중요한지 절실히 느끼게 되었습니다.

무언가를 만든다는 것은 곧 아름다움을 배우는 일이었습니다.
미술을 하면서 가장 좋았던 점은
우리가 온갖 아름다운 존재에게 둘러싸여 살아간다는 사실을 깨닫게 된 점입니다.

여행지에서 만난 시크한 고양이, 동네에서 만나는 귀여운 개,
지금 기르고 있거나 과거에 길렀던 소중한 가족인 동물들,
소중한 순간을 남겨두고 싶을 때 작은 목각 인형이 태어난다면 얼마나 멋질까요.
틀로 찍어낸 것이 아닌, 자신이 생각한 형태로 만든 조각은
대상과 쏙 빼닮지 않더라도 분명히 살아 있습니다.
그러니 정확하게 만들려고 애쓰기보다는 마음을 담아 정성껏 만들었으면 합니다.

조각은 미술 중에서도 다소 어려운 분야지만 분명 만드는 보람이 있습니다.
처음부터 능숙하게 깎지 못해도 괜찮으니 몇 번이고 반복해서 도전해보세요.
다 만들고 나면 큰 산 하나를 정복한 것 같은
기분 좋은 피로와 성취감이 기다리고 있을 테니까요.

Contents

The Process

제작 풍경

Getting Started
시작에 즈음해서

모든 것에 존재하는 소박한 아름다움과 사랑스러운 형태.
눈앞의 동물이 지닌 그런 특성을 붙잡아서 남겨두고 싶을 때가 있지요.
그럴 때, 나무를 깎아서 내 손으로 조각을 만들 수 있다면 얼마나 멋질까요.

동물들이 보여주는 보물 같은 순간과 마주친다면
그 순간을 세상에 단 하나뿐인 조각으로 만들어보세요.
우선 모델이 될 동물을 찬찬히 관찰합니다.
그리고 스케치를 하면서 첫인상의 형태를 머릿속에 확실히 새겨 넣습니다.
만들고 싶은 포즈를 찾았다면, 그 동물에 어울릴 것 같은 나무를 골라 손질한 후
실제로 조각에 들어갑니다.
제작 도중에도 모델을 관찰하면서 만들 수 있다면 가장 좋겠지요.

새로운 형태를 발견하고, 빛과 그늘을 모델과 맞추어보세요.
만들기 까다로운 뒷면이나 복잡한 부분도 자세히 관찰합니다.
칼질 하나하나가 그 아이에 가까워지도록, 사실적인 감각을 가지고 손을 움직이는 것이 매우 중요합니다.

나무 색만으로도 충분히 근사하지만, 동물 조각은 가능하면 한번 눈에 색을 넣어보세요.
저는 눈에 옻칠을 즐겨 합니다.
눈이 자연스럽게 빛나면서, 나무였던 형체가 갑자기 살아 있는 존재로 바뀌어
저를 바라보는 듯한 순간을 만날 수 있지요. 조각이 된 그 아이의 새로운 생명의 시작입니다.

> 나는 미오가 대학생 때
> 만난 이후로 13년 동안 조각
> 모델견으로 지내고 있어. 모델 포즈는
> 내 장기야! 그런데 요즘은 포즈를
> 취하다 보면 왠지 너무 졸려…….

모델
검정 시바견 츠키. 수컷 13살

Sketching

스케치

스케치는 조각을 만들 때 제가 가장 중요하게 여기는 과정입니다.
잘 그리기 위한 것도, 예쁘게 그리기 위한 것도 아닌
내 눈앞의 살아 있는 존재를, 만났을 때의 첫인상대로 포착하기 위한 작업이지요.

스케치의 목적은 모델을 잘 파악하기 위한 지도를 만드는 것입니다.
스케치를 하며 그 아이를 3차원으로 기억 속에 새겨나가지요.
조각을 위한 데생은 몇 장씩 거듭해서 그리다 보면 점차 진짜에 가까워집니다.

이 아이는 평소에 어떤 표정을 지을까?
어떤 걸 좋아하고, 어떤 걸 싫어할까?
무엇을 하는 어떤 순간을 만들고 싶은지를 정하면
보다 사실적인 느낌을 가지고 스케치를 할 수 있게 됩니다.

그림을 그리는 일은 대상을 잘 살펴보는 일로 틀림없이 이어집니다.
잘 살펴보는 일은 잘 기억해서 잘 만드는 일로 틀림없이 이어집니다.
잘 살펴보고, 잘 느끼고,
자신의 눈으로 발견한 형태와 자신의 손으로 느낀 감촉으로
대상을 잘 관찰해서 자유롭게 스케치해보세요.

모델의 특징을 보이는 대로 정확하게 스케치한다. 동물은 자주 움직이니 밑그림 등은 필요 없다. 조각으로 만들고 싶은 포즈를 찾았다면 그리기 시작한다. 대담하게 색을 넣거나 지울 수 있는 수채화 물감을 쓰면 좋다.

능숙하게 그리는 것을 목표로 삼지 말고, 틀린 형태는 바로바로 고치고 선의 방향을 이용하여 올바른 형태와 면을 나름대로 찾아나간다. 고치기 쉬운 재료인 콩테나 파스텔, 떡지우개 등을 쓰면 좋다.

Choosing Wood
나무 고르기

나무를 고를 때는 우선 나뭇결 방향과 성질을 자세히 살핍니다.

모델이 지면에 서 있는 방향에서 나뭇결이 세로로 들어갈 수 있도록 고릅니다.

올바른 형태로 그 아이가 들어 있다고(묻혀 있다고) 느껴지는 목재를 자신의 눈으로 선택합니다.

나무는 살아 있는 소재라서, 마음대로 다룰 수 있는 나무를 찾기보다

자신이 조각하고자 하는 모델과 궁합이 좋을 듯한 나무를 고르는 편이 좋겠지요.

(사나운 아이라면 거친 나무로, 얌전한 아이라면 유순한 나무로⋯⋯ 등.)

목재를 정했다면 대략적인 형태를 그려 본다. 스케치한 형태를 다시 한 번 떠올리도록 정면과 측면을 그린다.

스케치를 한 손에 들고 딱 알맞은 크기의 목재를 고른다. 나무 속에서 모델의 모습이 상상된다면 그것으로 결정.

이 나무, 츠키 같아!

이것으로 결정!

나뭇결 방향

Point
데생 포인트

옆면과 정면 중 한쪽을 가장자리에 딱 붙여 데생하면 목재가 낭비되지 않으며, 남은 목재는 다시 쓸 수 있다.

Sawing
마름질하기

목각은 톱과 조각칼로 만들 수 있는 심플한 조각입니다.
커다란 조각은 때때로 체인톱이나
띠톱을 써서 속도를 냅니다.
대략적인 윤곽을 따거나 면을 크게 자르는 등,
이 작업은 용기를 가지고 대담하면서도 섬세하게,
날카로운 집중력으로 안전하게 해나갑니다.

 →

체인톱으로 윤곽을 단번에 잘라낸다. 아틀리에에는 나무를 자르는 소리가 크게 울리고, 녹나무의 향긋한 향이 퍼져나간다.

띠톱으로 모델의 형태를 대략적으로 잘라낸다. 면을 입체적으로 큼직하게 자르기만 해도 개의 형태로 보인다.

그럭저럭
개처럼 보여!

Sculpting

조각

목각은 나무라는 살아 있는 소재를 칼로 깎아내는,
예부터 행해져온 조각의 한 종류입니다.
칼은 때로 사람을 상처 입히기도 하므로 정신을 집중해서 다루어야 합니다.

소재를 깎아서 묻혀 있는 형태를 발굴해나가는 조각이라는 분야는
집중력과 올바른 판단력, 용기와 결단력이 필요한, 매우 어려운 세계지요.
중요한 것은 매 순간의 칼질이 그 모델에 가까워지도록,
최고의, 최선의 형태가 되도록 마음을 가득 담아 나무망치를 휘두르는 일입니다.
그렇게 해서 완성된 형태는 설령 서투르더라도
보는 사람을 감동시키는 힘을 지닌 조각이 됩니다.

마음을 담아서 모델에 가까워지도록 만들어보세요.
절대 초조해하지 말고, 칼질 하나하나를 신중하게 해나가세요.
용기를 가지고, 더욱더 사실적으로 깎아보세요.
언젠가 끝이 모델의 가장자리에 닿아서
"이 이상 깎으면 아파!" 하고 말할 듯한 느낌이 들면,
그때부터는 단번에 그 아이를 발굴해낼 수 있습니다. 눈앞에 짠 하고 나타나지요.
생명을 불어넣는 것이 아닙니다.
생명은 나무 안에 이미 묻혀 있으며, 설레는 마음으로 꺼내질 때를 기다리고 있답니다.

자세히
관찰해요.

나무망치와 끌을 사용해서 전체적인 밸런스를 잡아가며 대략적인 형태를 잡는다. 주저하지 말고 대담하게, 용기를 가지고 큼직하게 깎는다. 되도록 모델을 보며 깎아나가는 것이 좋다.

한 곳을 깎는 것이 아니라, 빙빙 돌려가며 전체적인 모양을 맞추어서 깎는다. 이따금 빛에 비추어가며 실루엣을 살핀다. 모델을 보았을 때와 똑같은 빛과 그늘이 조각에도 생기도록 맞추어나가는 것이 중요하다.

나 잘 깎였어?

어느 부위를 깎는 중인지 신경 쓰면서, 어떤 방향에서 보더라도 모델의 형태와 실루엣이 될 때까지 깎아낸다. 자세히 관찰할 수 없는 동물은 도감 등의 자료를 참고한다.

이 부분은 한 번 깎고 나면 두 번 다시 깎지 않아도 된다 싶을 정도로, 완성을 의식하며 찬찬히 신중하게 작업한다. 마무리일수록 과감하면서도 섬세하게 깎아나가며, 생동감을 포착한 순간에 완성한다.

33

Painting

채색

우선 나무가 가지고 있는 색을 하나의 색으로 여기고,
나무 색과 공명하는 색과 도료를 선택해서 칠합니다.
채색할 때는 처음에 그린 수채화 스케치를
다시 한 번 자세히 살펴보고, 자신이 처음으로 모델을
보았을 때의 감동을 떠올릴 수 있도록 색을 칠하세요.
이때 중요한 점은 너무 진하게 바르지 않는 것.
바른다기보다는 색을 입히면서
그 아이의 감촉에 가까워진다는 느낌으로
정성 들여 채색해나가세요.

채색 전에는
이런 느낌

옻을 쓰면 염증이 나는 사람도 있으니 알레르기를 잘 일으키지 않는 '캐슈(cashew)'를 원료로 한 도료를 쓰는 편이 좋다. 눈은 정성껏 꼼꼼하게, 몸은 큼직큼직 대담하게 칠한다. 오일 계통의 도료는 전용 희석액이 필요하지만, 본격적으로 도장하고 싶은 사람에게는 안성맞춤.

내가 잘 취하는 포즈로
깎아줬다멍!

Placing in Nature
풍경 속에서

완성되었다는 생각이 들면, 자연 속에 조각을 두고 한번 봅니다.
조각으로 만들어진 동물이 당장이라도 달려 나갈 듯한 생동감을 띠는지,
자연광 속에서 보아도 진짜 같은 느낌이 드는지 살펴보세요.
미심쩍은 부분이 있다면 색을 칠한 위로 몇 번이고 다시 깎아냅니다.

이 작업을 반복하다 보면 생명이 생생하게 드러납니다.
당장이라도 움직일 듯한, 조각이지만 생명의 덩어리 같은 존재가 완성되지요.
사람의 손끝에서 탄생한 나무로 만든 동물들은
보는 이와 만지는 이에게 특별한 온기를 전해줍니다.
쓰다듬었을 때, 모델이 된 그 작은 아이가 손안에 있는 느낌이 든다면 완성입니다.

완성한 날짜를 그 아이의 생일로 기억해두세요.
이름이 없는 아이라면 이름을 지어주고, 실제로 존재했던 아이라면 그 아이의 이름으로 불러주세요.
작은 조각이라면 이따금 여행 갈 때나 외출할 때 데려가서 다양한 풍경 속에서 사진을 찍어보세요.
나무로 만든 새로운 생명은 진짜 동물인 그 아이가 가지 못했던 장소에도 갈 수 있으니까요.
그리하여 또다시, 간직하고 싶은 모티프를 만나면 새로운 나무를 구해서 만들어보세요.

How to Sculpt

첫 목각

시작하기 전에

목각에 도전하기 전에
우선은 준비를 해둡시다.
나무는 목재를 파는 곳 등에서
잘라 파는 것을 살 수 있고,
필요한 도구도
별로 많지 않습니다.
적은 재료로 시작할 수 있다는 점도
목각의 매력이지요.

나무 종류와 특징

벚나무
단단한 나무로, 세밀하게 묘사할 수 있지만 초심자에게는 다소 힘이 필요하다. 향이 좋아서 공예품에도 알맞다.

녹나무
필자가 동물 조각에 즐겨 사용하는 재료. 자유로운 표현이 가능하며, 굳기도 적당하고 향도 좋다. 이 책에서 사용한 대부분의 나무는 녹나무인데, 상점에서 목각용으로 구하기는 쉽지 않은 게 단점이다.

호두나무
서걱서걱 깎을 수 있는 중간 정도의 굳기를 가진 나무로, 아름다운 적갈색이 특징이자 장점. 브로치나 숟가락 등의 목제품에 적합하다.

계수나무
깎을 때 찰기가 느껴지는 나무로, 세밀한 묘사도 가능해서 조각에 알맞다.

일본목련
나무가 약간 말간 빛을 띠고 있어서 채색할 때 주의가 필요하다. 굳기는 중간 정도로, 결이 곧은 나무다.

편백나무
유순해서 깎기 쉬운 나무다. 향도 좋아서 조각재로 안성맞춤. 도큐핸즈(일본상점) 등에서는 자투리 목재를 한데 담아 저렴하게 판매하고 있다. 특히 편백나무는 흔하게 볼 수 있으니 확인해보자.

갖춰두면 좋은 도구

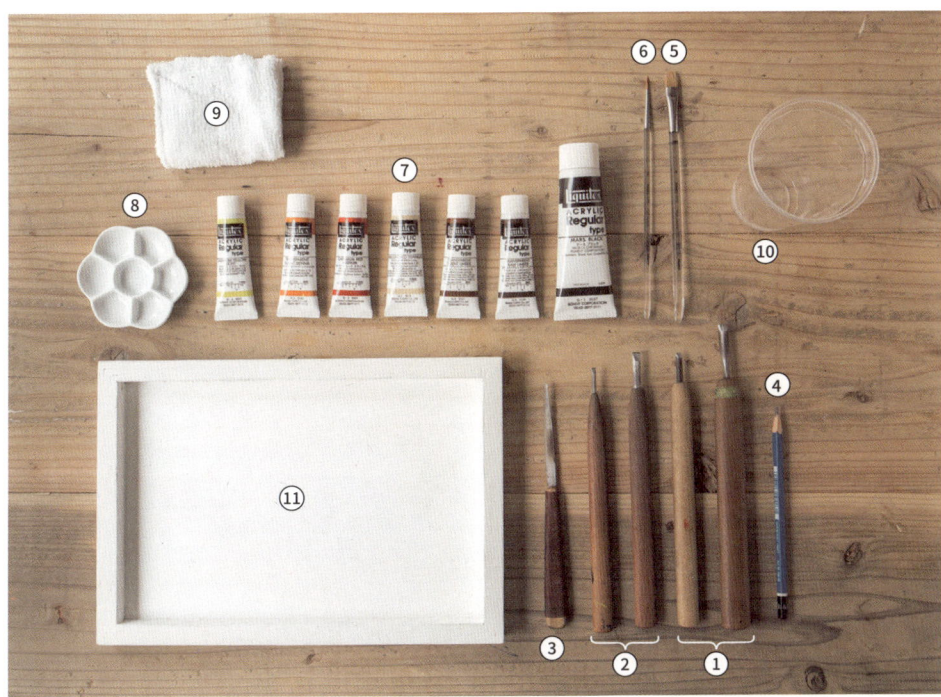

③ 톱

④ 연필(또는 펜)

⑤ 납작붓(No. 4)

⑥ 세필붓(No. 0)

⑦ 수채화 물감

채색은 아크릴 계통의 물감을 비롯하여 수성 그림물감이라면 무엇이든 상관없다. 이 책에서는 필자가 실제로 워크숍에서 쓰는 'Liquitex 아크릴물감'을 썼다.

왼쪽부터 CADMIUM YELLOW LIGHT / TRANSPARENT BURNT SIENNA / CADMIUM RED MEDIUM / UNBLEACHED TITANIUM / TRANSPARENT BURNT UMBER / TRANSPARENT RAW UMBER / MARS BLACK

⑧ 꽃접시 팔레트

⑨ 헝겊

⑩ 물통

⑪ 나무틀

화방 등에서 파는 목제 패널의 뒷면을 쓴다. 나무 부스러기가 틀 안에 모여서 청소하기 쉽다. 튀어나온 테두리 부분을 이용해서 조각을 고정시키기도 하고, 톱을 쓸 때도 높낮이차가 있어서 작업하기 편하다.

① 둥근칼(대·소)

표면을 도려내듯 깎는 칼로, 동물의 부드러운 표면을 표현할 때 가장 적합하다. 힘도 별로 들이지 않고 깎을 수 있다는 점이 특징이지만, 칼끝이 무뎌지면 갈기가 다소 어렵다. 처음부터 지나치게 많이 쓰지 않도록 주의가 필요하다.

② 납작칼(대·소)

가장 추천하는 칼로, 필자는 대부분의 작업을 납작칼로 한다. 정확하게 컨트롤할 수 있을 뿐만 아니라, 형체에 확실하게 면을 깎아 넣을 수 있어서 표현하기도 쉽다. 또, 칼날 모서리를 쓰면 섬세한 표현도 가능하다.

조각칼 갈기에 대해

칼날의 이가 빠지거나 무뎌지면 힘을 무리하게 줘야 깎으므로 위험하다. 구하기 쉬운 저렴한 숫돌로도 칼날을 갈 수 있지만, 잘 갈지 못하면 전보다 더 잘 안 들게 되는 경우도 있다. 처음에는 전문점에 부탁하는 것도 방법이다. 직접 갈 경우에는 전문서 등을 참고하자.

있으면 편리한 도구

돗자리

나무 부스러기가 흩어지지 않도록 나무틀 아래나 바닥에 깔아두면 편리하다.

바이스*

다소 큰 나무로 목각할 경우, 고정해두고 깎으면 안전하다.

*공작물을 끼워서 고정하는 기구

가볍게 시작하고 싶다면

우선은 'Tombow 조각칼 12개 세트'(약 1만 원/도큐핸즈), 'RAZORSAW 세공톱'(약 1만 원/도큐핸즈) 등이 저렴하면서도 구하기 쉽다.

본격적으로 시작하고 싶다면

작은 조각 작품을 만들 경우, 필자가 고른 최적의 조각칼 5개 세트를 이 책의 웹사이트(tenaraicho.jp/shop)에서 판매하니 참고바란다. 조각칼은 필요한 최소한의 개수에서 시작해, 필요에 따라 추가해나가는 것이 좋다.

나뭇결을 알자

그림과 같이 나뭇결을 세로 방향으로 두고, 모델이 옆을 보고 앉거나 서도록 넣으면 깎기 쉽다. 나무의 횡단면은 통나무의 나이테가 보이는 부분이라 딱딱해서 깎기 힘들다. 또, 깎다가 꺼칠꺼칠해서 깎기 힘든 곳이 나오면 나뭇결이 역방향이므로, 180도 반대로 돌려 순방향으로 깎으면 작업이 편해진다.

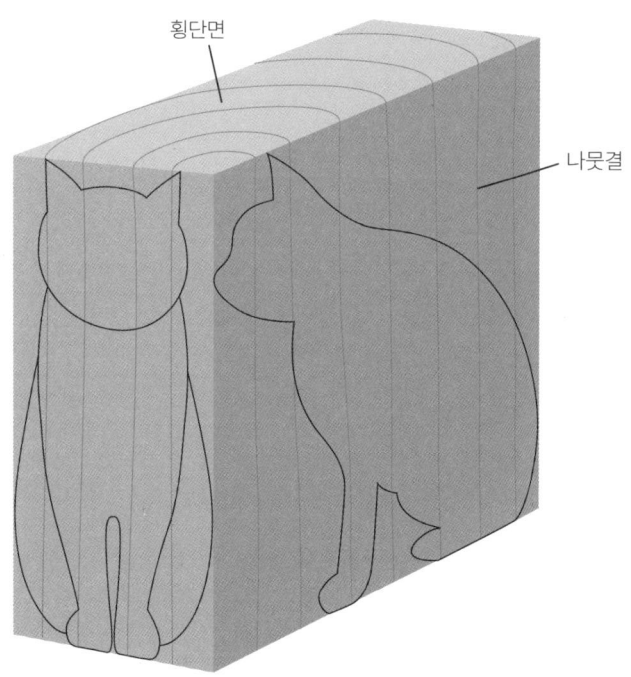

횡단면

나뭇결

목각은 안전하게

기본은 칼끝에 손을 두지 않는 것. 칼끝 쪽에 손을 두지 않도록 항상 주의하자. 톱도 마찬가지로, 날 끝 쪽에 손을 두지 않으면 일단 상처 입을 일은 없다. 조각이 완성 단계에 들어서면 잡을 부분이 없어져서 조각을 쥔 손이 칼끝에 가까워지는 경우가 있는데, 그때는 힘을 조절하거나 칼을 짧게 쥐고 패널 가장자리에 조각을 대고 깎는 등 안전을 위한 궁리가 필요하다. 능숙하지 않은 시기에는 조각을 쥔 손에 두터운 가죽 장갑을 끼는 것도 좋다.

Cat Brooch

고양이 브로치

고양이를 옷에 달면 평소의 옷차림이 훨씬 더 화사해집니다.

기르는 고양이와 쏙 빼닮게 조각하거나,

친구의 고양이를 만들어 선물해보세요.

부조라서 처음 쓰는 조각칼 연습용으로도 알맞습니다.

자, 귀여운 고양이 브로치에 도전해볼까요?

고양이 브로치

준비물

- 목재(호두나무)
- 둥근칼
- 납작칼
- 연필
- 톱
- 아크릴물감
- 바니시(무색투명한 것)
- 헝겊(필요 없는 천)
- 일자 브로치 핀(25mm)
- 브로치 고정용 나사(4×3mm)
- 드라이버

Point

사용할 목재는?

브로치에 쓸 목재는 조각에 적합한 일본목련이나 녹나무 외에도, 다소 딱딱하고 가공이 어려우나 호두나무와 벚나무 등도 추천할 만하다. 나무 색도 각각 다르니 조각하려는 고양이와 비슷한 색 나무를 고르면 된다.

1 밑그림 그리기

조각하고 싶은 고양이의 형태를 밑그림으로 그린다.

여기서는 앉아 있는 고양이를 그려보자.

깎다 보면 밑그림은 없어지니 어디까지나 대략적으로 그린다.

연필로 그렸을 때 선이 잘 안 보인다면 유성 펜으로 그린다.

Point

나뭇결 방향을 생각하자

나뭇결은 세로로 두고 깎으면 조각하기 쉽다. 나무는 세로로 잘 쪼개져서, 밑그림 단계에서 얇은 꼬리나 손을 가로로 길게 그려 넣으면 조각할 때 쪼개지는 원인이 되므로 주의해야 한다.

윤곽선

나뭇결 방향

브로치로 만들고 싶은 고양이의 좋아하는 포즈를 대략적으로 스케치한다. 나뭇결을 세로로 두고 그리자.

잘라낼 윤곽을 정해서 선을 긋는다. 크게 커브를 그리는 부분은 몇 번에 걸쳐서 자른다.

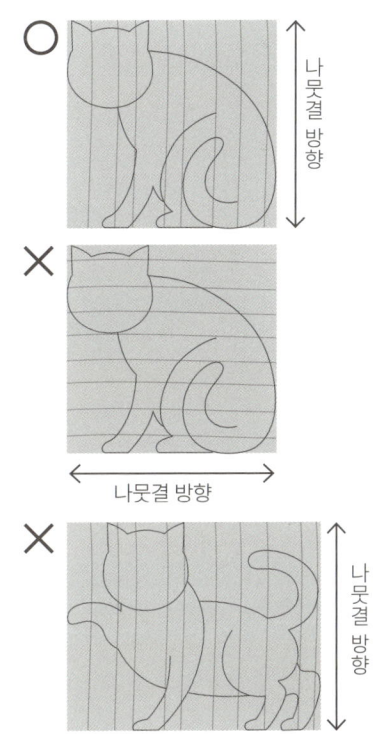

○ 나뭇결 방향

✕ 나뭇결 방향

✕ 나뭇결 방향

마름질하기

밑그림 부분을 제외한 여분의 나무를 톱으로 잘라내는 작업이다.

효율 좋게 조각칼로 깎아나가기 위해,

윤곽선을 따라 불필요한 부분을 적절하게 잘라낸다.

상처 입지 않도록 충분히 주의하자.

톱을 사용해요.

윤곽선을 따라 톱질을 한다. 마지막 부분은 신중하게, 나무 양쪽을 잡고 천천히 자르면 나무가 쪼개질 우려가 적다.

한쪽 방향으로 자를 수 없는 꺾인 부분은 나무를 돌려 두 방향으로 자른다.

Point

나무 자르기 포인트

나무를 쥔 손을 되도록 쭉 뻗고, 몸 방향과 일치하도록 힘을 준다. 톱을 네 손가락으로 쥐고 집게손가락으로 힘을 더한다. 겨드랑이를 꼭 붙인 채 어깨로 켠다는 생각으로 힘을 주면 쉽게 잘린다.

→ 90도 회전

나무를 쥔 손 쪽으로 톱날이 향하지 않도록 충분히 주의를 기울인다.

\ 이런 형태가
될 때까지 자르기 /

Point

패널 사용법

단단하게 고정된 테이블 위에 패널을 올려두고 그 안에서 작업하자. 힘이 약한 사람은 나무틀 가장자리에 목재를 대고 엄지손가락으로 고정한 채 깎으면 힘을 주기가 훨씬 쉬워진다. 익숙해지면 목재를 테두리 위에 올려두고 공중에서 깎아도 좋다.

47

③ 대강 깎기

조각칼을 쓰는 최초의 과정이다.
윤곽선을 잘라낸 형체가 모델의 이미지에 더욱 가까워지도록,
전체에 대략적인 입체감이 드러나도록 깎아나간다.
본인의 생각보다 더 크게 깎는 것이 포인트.

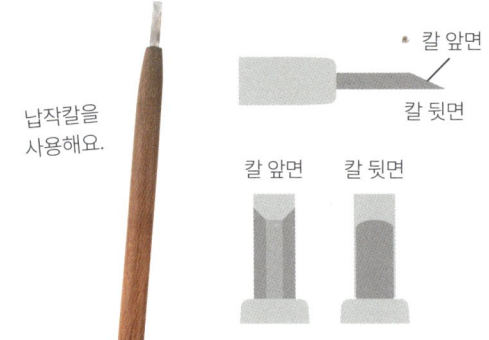

납작칼을
사용해요.

칼 앞면
칼 뒷면

칼 앞면   칼 뒷면

3-1

윤곽 정리하기

윤곽을 따라 잘라내고
남은 부분을 조각칼로
정리해나간다.

반드시 나무 안쪽에서
잡아서 칼끝이 손을
향하지 않도록 조심!

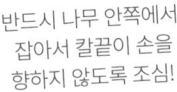

밑그림을 따라 위에서 수직으로 칼집을 넣는다. 큰
납작칼의 앞면이 윤곽선을 향하도록 쥔다.

3-2

입체적으로 깎기

입체감을 살리기 위해
몸통 부분을
보다 깊게 깎는다.

몸통은 다른 곳보다 깊게
파는 부분! 빗금을 그려 넣어
알아보기 쉽게 만들자.

가장 많이 튀어나오는
부분인 얼굴과 꼬리를
남겨둔다는 점을 의식
하기 위해 간단히 데생
해도 좋다.

Point

조각칼 잡기 포인트

연필을 쥐듯 잡거나 주먹으로 단단히 잡는 등, 자기가 편한 방법으로 잡으면 된다. 지면을 내리찍듯 깎을 때는 주먹으로 잡고, 밀듯이 깎을 때는 연필을 쥐듯 잡으면 작업하기 편하다.

Point

칼집을 내자

사전에 턱 라인이나 꼬리에 수직으로 칼집을 내어 두면 실수로 얼굴이나 꼬리 부분까지 깎을 우려가 없다. 너무 많이 깎는 것을 방지하거나, 잘못 깎기 쉬운 섬세한 부분을 보호할 때 사용한다.

빗금을 넣은 부분은 전부 깎아버리자. 칼집을 내어 높낮이차를 확실히 만든다.

높낮이차가 생겼군.

주먹으로 단단히 잡아요.

연필을 쥐듯 잡아요.

얼굴에 입체감 주기

얼굴에도 입체감을 주자.

귀, 이마, 코끝의 세 단계로 높낮이차가 생기도록 깎는다.

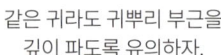

같은 귀라도 귀뿌리 부근을
깊이 파도록 유의하자.

방사형으로
깎는 기준

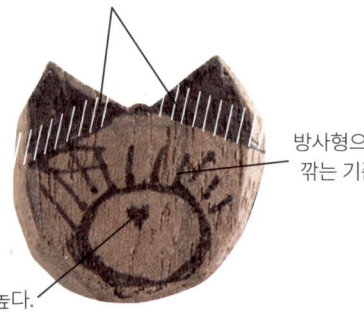

코는 높다.

얼굴 부분은 코끝이 가장 튀어
나와 있으므로, 입부터 코까지
커다랗게 남긴다. 귀는 이마보
다 뒤에 있으니 더 깊게 판다.

귀의 경계선에 칼집을 넣어 더욱 깊게 판다. 코끝부
터 완만한 곡선을 이루도록 얼굴을 깎자.

조각칼을 짧게 쥔 채,
힘을 지나치게 주지 않고 깎으면
안전하고 정확하게 작업할 수 있다.

몸에 입체감 주기

이어서 몸 부분에도 입체감을 준다.
고양이는 넓적다리가 앞으로 나와 있으므로,
넓적다리와 몸통의 경계에
홈이 패도록 깎아서 입체적으로 만들자.

칼 앞면을 밑그림에 대고
수직으로 칼집을 낸 뒤
비스듬하게 깎자.

여기는 높게
남겨둔다.

화살표 방향으
로 깎는다.

가장 깊게

이미지를 밑그림으로 그
린다. 앞발과 뒷발의 경계
인 검은 부분이 가장 깊은
홈이 된다.

앞발과 뒷발, 몸통의 경계, 삼각형의 깊은 홈을 깎는다.

4 모서리 깎기

모난 면을 다듬는 작업이다.
대강 깎기로 대략적인 입체감을 만들어냈다면,
그 다음에는 전체를 둥글둥글 예쁘게 깎아나간다.
작업에 신중을 기하며 끈기 있게 조각하자.

Point

모서리 깎기 포인트

모서리를 깎을 때 패널 가장자리에 조각을 대고 깎으면, 힘을 줘도 칼이 멈춰서 안전하다.

4-1

전체 정리하기

깎지 않은 부분이 있는지
확인하며 전체적인 느낌을
맞추어나간다.

곡선에는 가는 납작칼을
쓴다. 반복해서 칼집을
내며 부드럽게 깎자.

등은 둥글게

꼬리는
튀어나오게

등을 포함해서 전체적
으로 구석구석 둥글게
깎는다.

꼬리의 디테일. 꼬리 모양을 따라서 깊숙하게 칼집을
내며 높낮이차를 확실하게 만들어나간다.

칼을 짧게 잡고,
힘을 지나치게
주지 말 것.

때때로 빛에 비추어가며 전체 모양을 확인하자.

귀 뒷면도 빈틈없이

뒷면도 깎으면 가벼운 인상을 주는 브로치가 되므로 깎아보자. 특히 귀 뒷면이 중요하다. 고양이 귀는 앞으로 쏠려 있으니 뒤쪽에서 앞쪽으로 비스듬하게 깎아서 입체감을 준다.

모서리 깎기 완성!

발끝도 입체적으로. 앞발과 뒷발 사이도 깔끔하게 마무리하자.

거스러미가 있으면 걸리적거리니 깨끗하게 마무리하자. 마지막에 핀을 붙여야 하므로 평평한 부분을 남겨둔다.

마무리

색칠하기 전의 중요한 과정이다. 이목구비의 세부나 몸의 질감 등이 더욱
생생해지도록 조각한다. 단, 지나치게 정교하게 깎으면
목각의 인상이 차가워지는 경우도 있으니 마무리 단계일수록
대담하고 거침없이 깎으면서 멈출 때를 잘 판단해보자.

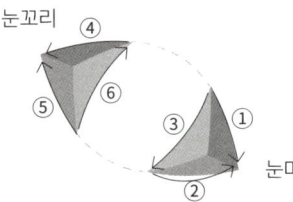

5-1

얼굴 마무리

인상을 결정하는 부분은
뭐니 뭐니 해도 얼굴.
눈, 코, 입 하나하나를
정성껏 빈틈없이 깎는다.

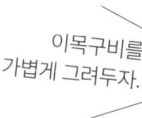 

이목구비를
가볍게 그려두자.

Point

고양이 얼굴 조각 포인트

코는 작은 역삼각형, 입은 작은
삼각형이 되도록 깎는다. 턱이
작은 것이 고양이의 특징이니
턱 주위를 둥글게 깎아낸다.

코·입

그림처럼 코와 입에 칼집을 넣고, 그 부분을
향해 주변을 조금씩 신중하게 깎는다.

가는 납작칼을
연필처럼 잡고 가볍게
깎아나간다.

눈

눈머리·눈꼬리에 삼각형 칼집을 내어 깎는다.
힘을 많이 주지 말고, 삼각형 속의 나무를 파
낸다는 생각으로 조각한다.

눈꼬리

⑨

⑩

⑧

⑦

눈머리

귀

② ①

③

둥근칼을
사용해요.

5-2

몸통 마무리

마지막으로 둥근칼을 써서 몸의 입체감과 부드러운 느낌을 살린다. 고양이의 넓적다리와 어깨, 배 등 각 부위를 상상하며 마무리한다.

눈머리와 눈꼬리에 맞추어 눈꺼풀에 칼집을 넣고 연결하면 눈 모양이 된다. 안구가 생기도록 눈꺼풀 방향으로 눈 주위를 천천히 조심스레 파낸다.

눈을 조각했을 때와 마찬가지로, ① → ② → ③의 순서로 귀 안쪽을 삼각형으로 파낸다.

털의 질감을 전체적으로 표현한다. 고양이의 폭신폭신한 털을 떠올리며, 칼을 좌우로 흔들 듯 움직여가며 깎자.

55

6 채색

고양이의 형상이 된 조각에 색을 칠해서 생명을 불어넣는 작업이다.
익숙해지면 눈이나 무늬 등의 밑그림을 그리지 말고 칠해보자.
색이 탁해지지 않고 깨끗하게 완성된다.

채색을
기다리는 상태

Point

드라이 브러시란?

색을 칠할 때는 반드시 헝겊 등에 물기를 흡수시키고, 붓 전체에 물감을 엷게 묻혀 채색한다. 이러한 기법을 드라이 브러시라 한다.

6-1

얼굴 칠하기

얼굴은 채색에 따라 인상이 변하는 중요한 부분.
신중하게, 시간을 들여 정성껏 칠하자.

꽃접시 팔레트가
쓰기 편하다.

세필붓

Point

채색 포인트

눈처럼 작은 부위에는 세필붓(가는 붓)을 쓴다. 겹쳐 바르면 발색이 탁해지고 나무의 질감도 사라지니 하지 않는다. 나무색도 하나의 색으로 여기고 그 특성을 살려서 칠해보자.

안구

세필붓으로 눈부터 색칠한다. 눈은 같은 계열의 색이라도 밝은 것을 고르면 좋다. 색이 삐져나오지 않도록 주의하자.

눈 가장자리

눈 주위에 아이라인처럼 검은 선을 넣으면 좀 더 고양이다운 얼굴이 된다. 참고로 개 조각에는 대부분 아이라인을 넣지 않는다.

6-2

얼굴은
이런 느낌!

무늬 넣기

얼굴과 몸에 좋아하는
무늬를 넣는다.
집에서 기르는 고양이,
길고양이 등 각자가 생각하는
무늬를 그려보자.

Point

채색하는 요령

흰색은 'UNBLEACHED(무표백)'
라는 색을 쓰면 나무와 궁합이 좋
다. 얇게 스치듯 칠하면 폭신폭신
한 털을 표현할 수 있다. 되도록
나뭇결을 살리도록 채색하면 전
체적으로 잘 어우러진다.

색이 삐져나와도 칼로
깎아서 수정할 수 있으니
괜찮아!

눈동자

코·입

눈동자를 신중하게 검게 칠한다. 고양이는 눈
동자를 크게 그리면 귀여워지는데, 취향에 따
라 그리면 된다. 빛(흰색)을 넣으면 좀 더 생생
해진다.

코와 입을 칠하자. 깎아낸 부분에 좋아하는
색을 넣는다. 날카로운 선을 표현하고 싶다면
채색 후 칼로 여분의 선을 깎아내고 정리하면
된다.

좋아하는 무늬를 자유롭게 그려 넣자. 몸통의
무늬도 얼굴과 같이 넣는다. 큰 면은 큰 붓으
로 칠하되, 물감을 꼼꼼하게 붓에 발라서 채
색한다.

7 가공

Point

바니시 바르기 포인트

형겊에 바니시를 흡수시켜 표면 전체를 꼼꼼하게, 가볍게 누르듯 바른다. 전체적으로 한 차례 칠하면 완성.

Point

핀 붙이기 포인트

핀은 접착하는 타입보다 나사로 고정하는 타입이 좋다. 오른손잡이는 사진처럼 오른쪽으로 열리는 핀을 고르면 쓰기 편하다.

바니시 바르기

오염이나 빗물 등을 막아서 내구성을 높이기 위해 표면에 보호재인 바니시를 바른다. 바니시가 옷에 묻어 얼룩이 생기는 경우가 있으므로 뒷면에는 바르지 않는다.

핀 붙이기

핀은 중심보다 위쪽으로, 브로치에서 튀어나오지 않도록 주의하며 붙이자.

귀엽게
만들어졌다옹.

완성

Baby Penguin
아기 펭귄

작고 귀여운 목각 아기 펭귄.

방도 귀엽게 장식할 수 있어요.

조각의 흐름도 잘 배울 수 있어서 처음 만드는 입체 작품으로 적합합니다.

적은 재료로 만들 수 있으니 몇 개든 도전해봅시다.

아기 펭귄

준비물

- 목재
- 둥근칼
- 납작칼
- 연필
- 톱
- 아크릴물감

1 밑그림 그리기

Point

밑그림 포인트

입체 작품의 경우, 밑그림은 옆 모습부터 그린다. 정면부터 그리는 것보다 전체적인 흐름을 큼직하게 파악하기 쉽다.

밑그림을 따라 톱으로 잘라낼 윤곽선을 정한다.

'작은 당나귀'(P91)를 만들고 남은 나무야.

나무를 낭비 없이 쓰자.

나뭇결 방향

2 마름질하기

P46 참조

톱을 사용해요.

윤곽선을 따라 톱으로 잘라낸다. 펭귄 조각에 쓰는 목재는 크기가 작으니 신중하게 작업한다.

3 대강 깎기

이번에는 정면부터. 밑그림은 너무 자세히 그리지 말 것.

→

톱과 납작칼을 구분해서 쓰자.

윤곽 정리하기

정면 밑그림을 따라 위쪽에서 윤곽선을 잘라낸다. 상처 입지 않도록 거듭 주의하자.

→

날개

날개는 칼집 내기를 잊지 말자.

날개 아래를 깎아낸다.

옆으로 펼친 날개를 따라 톱으로 칼집을 낸다. 나뭇결을 이용해서 칼집 아래의 겨드랑이 부분을 단번에 깎아낸다.

→

입체적으로 조각하기

톱과
납작칼로

날개가 몸통 옆으로 튀어나오도록
꼼꼼하게 깎는다.

Point

관찰 포인트

빛에 비추어서 그늘을 만들며,
전체를 회전시키며 꼼꼼하게
관찰한다.

우선은 날개를 튀어나
오게 만들자. 밑그림 선
을 따라 칼집을 낸 뒤 주
변을 깎는다.

A의 폭만큼
깎는다.

A   A

입체감 주기

① ② ③

B

A

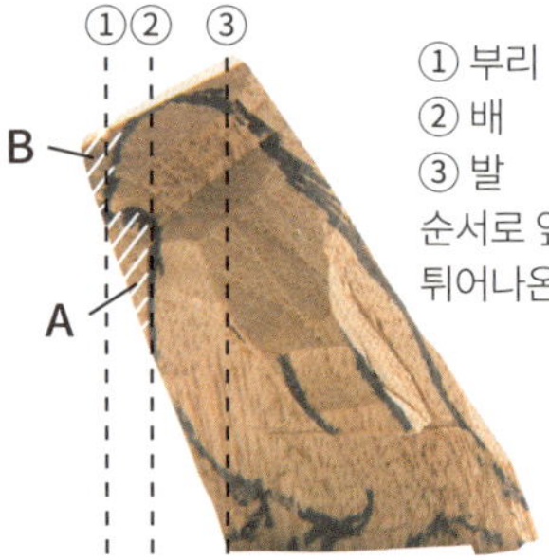

① 부리
② 배
③ 발
순서로 앞으로
튀어나온다.

이미지를 파악하기 위해 밑
그림을 다시 그려도 좋다.
부리와 발끝 등 돌출된 부
분을 신경 쓰자.

얼굴

부리 끝을 기준으로 목
아래까지인 A와 정수리
까지인 B의 면을 크게
잘라낸다.

부리

부리의 좌우를 깎아서 돌
출시킨다. 부리가 약간 튀
어나올 정도면 된다.

발끝

이번에는 좌
우의 발끝을
엇갈리게 돌
출시켰다.

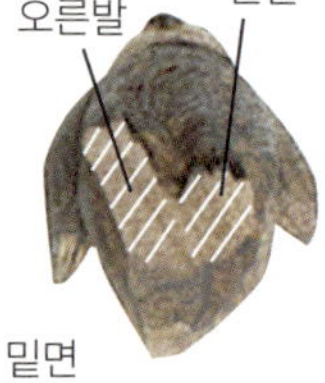

오른발   왼발

밑면

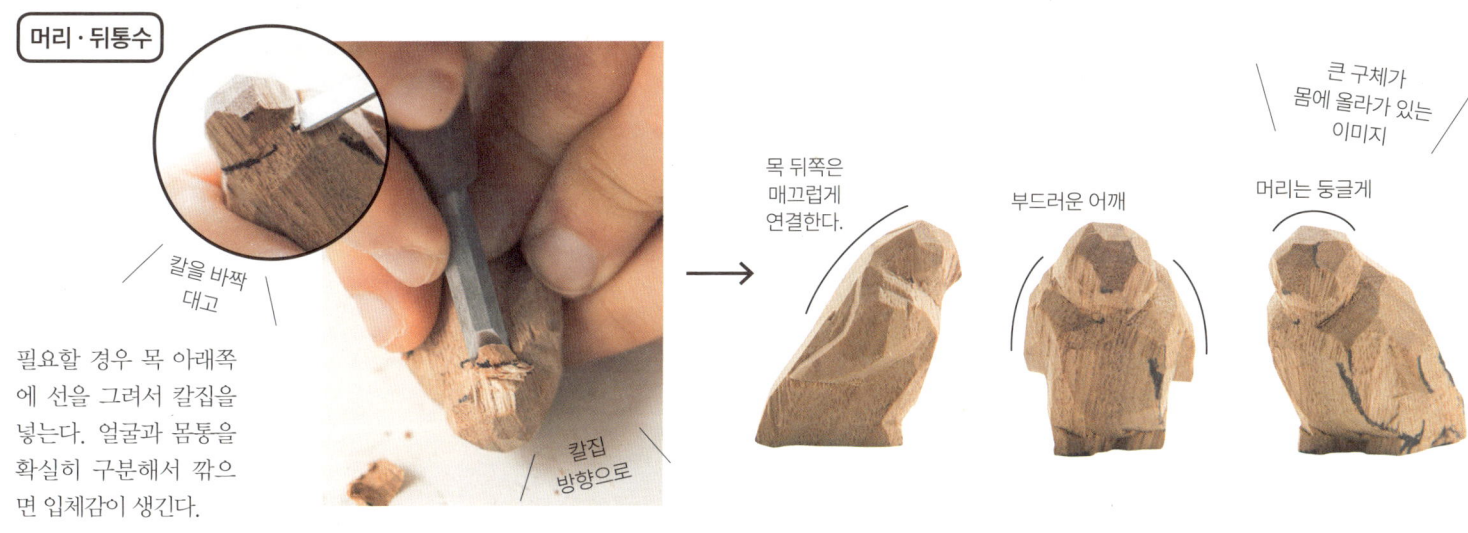

머리 · 뒤통수

칼을 바짝
대고

칼집
방향으로

필요할 경우 목 아래쪽에 선을 그려서 칼집을 넣는다. 얼굴과 몸통을 확실히 구분해서 깎으면 입체감이 생긴다.

목 뒤쪽은
매끄럽게
연결한다.

부드러운 어깨

큰 구체가
몸에 올라가 있는
이미지

머리는 둥글게

꼬리

뾰족뾰족

꼬리는 끝이 뾰족하게 튀어나오도록 밑그림을 그린 후 깎는다.

4 모서리 깎기

어깨

펭귄의 부드러운
어깨를 떠올리며

Point

모서리 깎기 포인트

부분을 깎으면서 전체를 손질한다.

전체를 살피며 몸의 모서리를 둥글게 만든다. 쉬운 부분부터 깎아나가자.

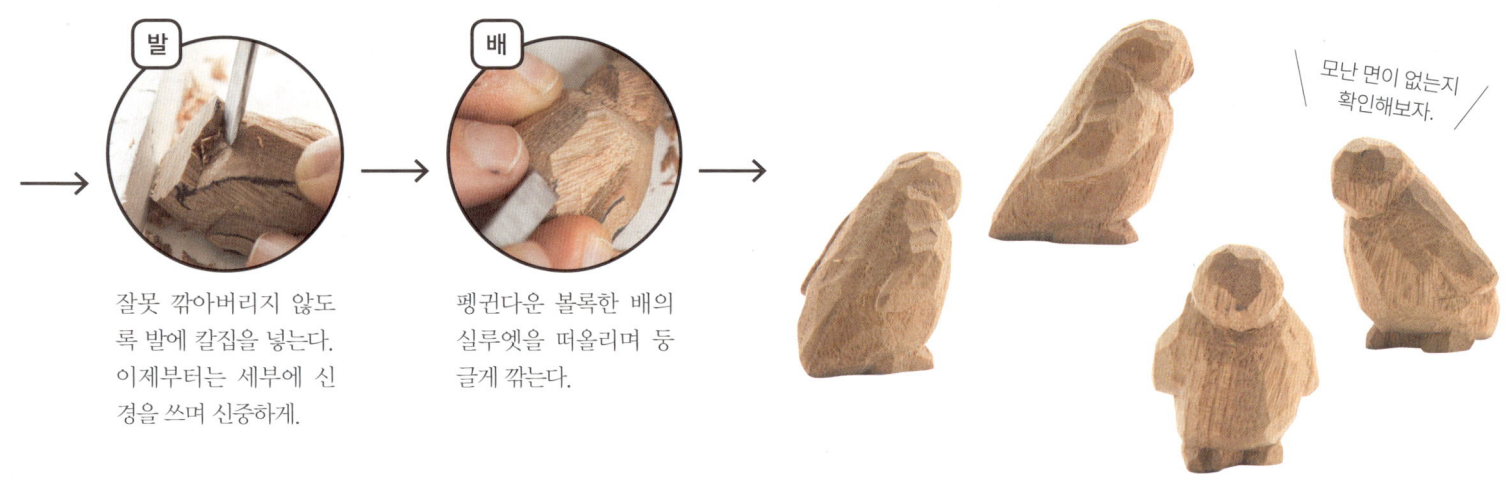

발

잘못 깎아버리지 않도록 발에 칼집을 넣는다. 이제부터는 세부에 신경을 쓰며 신중하게.

배

펭귄다운 볼록한 배의 실루엣을 떠올리며 둥글게 깎는다.

모난 면이 없는지 확인해보자.

5	**마무리**

눈머리·눈꼬리

부리

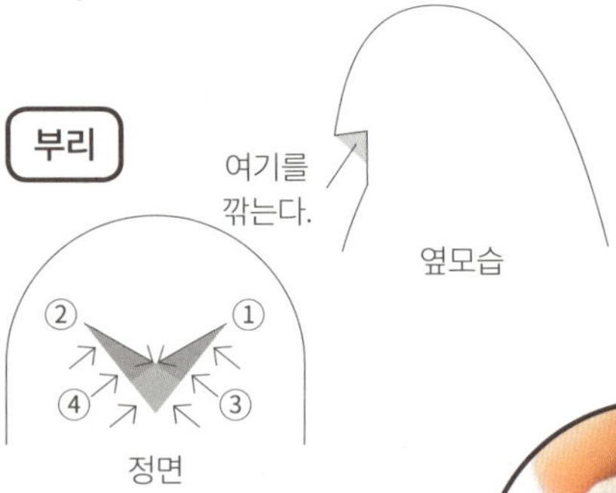

여기를 깎는다.

옆모습

가는 납작칼로

② ① ④ ③
정면

그늘로 실루엣이 나올 정도로 부리를 뾰족하게 만들기 위해 쇠우를 깎는다.

P54~55 참조

부리의 연장선상에서 우선은 눈머리를 삼각형으로 깎는다. 다음은 눈꼬리, 힙은 별로 주지 않는다.

안구

눈머리와 눈꼬리를 잇는 눈꺼풀에 칼집을 넣는다. 안구가 생기도록 눈 안쪽 면을 깎는다.

물갈퀴

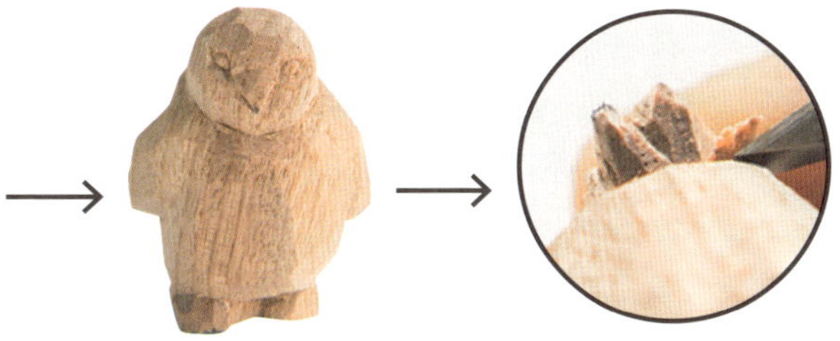

발끝에 물갈퀴를 만든다. 작은 갈고리발톱은 거의 보이지 않으므로 생략하고 발가락 3개를 깎는다.

1 2 3

사실적인 느낌 내기

흔들흔들

목부터 아래쪽까지 깃털을 표현한다. 칼을 좌우로 흔들며 잘게 칼집을 내면서, 흐름을 의식해서 깎으면 채색했을 때 생생한 느낌이 난다.

조각은 여기까지. 깃털의 폭신폭신한 느낌이 포인트

⑥ 채색

검은색

세필붓

눈

눈을 신중하게 칠한다. 빛(흰색)을 넣으면 더욱 생동감이 넘친다. 펭귄의 특징인 검은 머리 무늬를 칠한다.

머리

삐져나오면 칼로 깎아서 수정하자.

회색

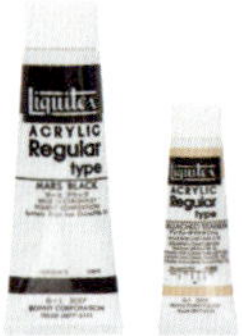

→

흰색과 검은색을 섞어 만든 회색을 붓 전체에 가볍게 묻혀 드라이브러시(P56 참조)로 몸통 전체에 슬슬 칠한다.

검은색

물갈퀴

물갈퀴도 너무 꼼꼼하게 칠하지 않는다. 나무 색을 남겨두는 것도 좋다. 마지막에 얼굴을 하얗게 칠하자.

흰색

→

얼굴

눈 가장자리까지 꼼꼼하게!

꾸룩꾸룩

완성

친구 만들어줘!

Sleeping Cat

잠든 고양이

몸을 둥글게 말고 새근새근 잠든 고양이.

잠든 모습은 관찰이나 데생을 하기 편하니

가까이 있는 고양이를 보면서 만들어도 좋겠지요.

잠든 고양이는 잠든 개로도 응용할 수 있습니다.

근처의 아이를 모델 삼아 만들어봅시다.

잠든 고양이

준비물

- 목재
- 둥근칼
- 납작칼
- 연필
- 톱
- 아크릴물감

1 밑그림 그리기

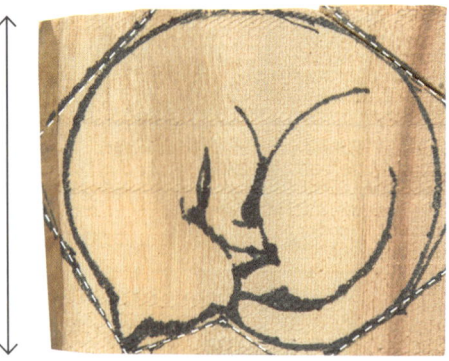

나뭇결 방향

위에서 본 잠든 고양이를 목재에 꽉 차도록 스케치한다. 윤곽선을 따서 톱으로 잘라낸다.

② 마름질하기

톱을 사용해요.

화살표 방향으로 경사지게 깎는다.

빗금 친 부분은 가장 낮게

가장 높은 부분

Point

잠든 고양이의 포인트

몸을 둥글게 말고 잠든 모습은 앞발과 뒷발, 얼굴 등 맞닿은 부위가 많은 것이 특징. 입체감에 신경 쓰며 꼼꼼하게 조각하자.

얼굴 부분만 남기고 몸에 곡선을 만들기 위해 전체를 화살표 방향으로 깎되, 안쪽에서 바깥쪽으로 크게 경사를 만든다.

③ 대강 깎기

납작칼을 주먹 쥐듯

얼굴 ~ 꼬리

납작칼을 주먹으로 쥐고 힘주어 깎는다. 용기를 가지고 마음껏 척척 깎아나간다.

얼굴 주위

우선 칼집부터

얼굴 윤곽을 따라 칼집을 낸다. 브로치와 마찬가지로 얼굴 주위를 다른 곳보다 깊게 판다.

정면 얼굴을 그리자.

C

B

A

대충 형체를
띠기 시작했다!

B

C

A

밑면

윗면

밑면

밑면은 꼬리가
있으므로 얕게

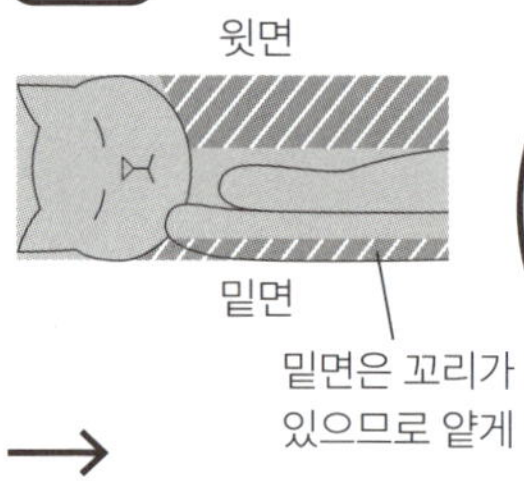

윗면에 곡선이 생겼다
면 밑면도 깎자. 윗면과
밑면의 곡선 차이를 염
두에 두면서 밑면의 곡
선은 얕게 깎는다. 꼬리
는 큼직하게 남겨둔다.

화살표
방향으로 깎는다.

옆면

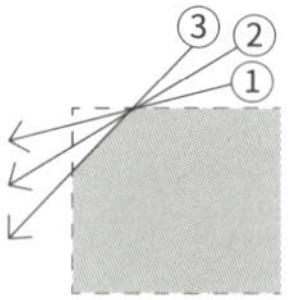

③②
①

단번에 큰 경사를
만들지 말고, 차츰 깊
게 깎아나간다.

칼을
수직으로

윤곽선을 정리할 때는
조각칼을 주먹으로 쥐
고 수직으로 깎는다. 곡
선을 만들 때는 조각칼
을 주먹으로 짧게 쥐고
밀듯이 깎는다.

C

B

A

만두 같아!

A

B

C

4 모서리 깎기

귀

A를 기점으로
B를 C까지 깎는다.

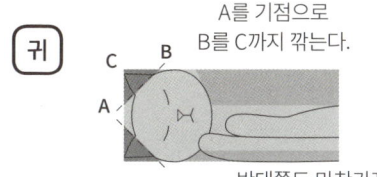

반대쪽도 마찬가지로

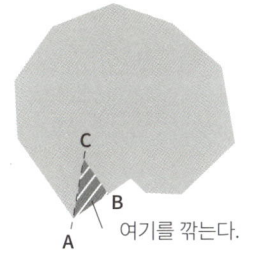

여기를 깎는다.

얼굴 밑그림을 그려서 귀를 쫑긋 세운다. 톱으로 이마 라인과 귀뿌리를 따라 칼집을 넣은 뒤, 귀를 더욱 깊게 판다.

귀가 더 낮아졌어.

얼굴을 둥그스름하게 만들자. 좌우대칭이 되도록 밸런스를 살피며 조금씩 깎는다.

얼굴

꼬리

칼집을 내어서…

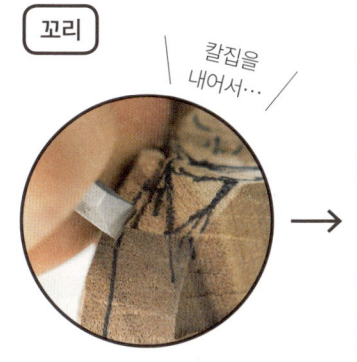

윤곽선을 따라 칼집을 내고, 잘못 깎아버리지 않도록 주의하며 꼬리를 조각한다.

Point

확인 포인트

모서리 깎기에서 중요한 요소는 '빛과 그늘'. 다양한 각도에서 관찰하며 그늘이 예쁘게 지도록 만들자.

A

B

C

목

높낮이차를 주기 위해 얼굴과 몸의 경계를 만들자. 고양이의 얼굴을 떠올리며 윤곽을 둥글게 깎는다.

귀 사이

톱과 납작칼을 구분해서 쓰자.

귀 사이의 V자 부분은 톱으로 칼집을 넣은 뒤, 칼끝으로 불필요한 부분을 깎아낸다.

뒤통수

턱

턱 라인에 유의하며

뒤통수도 빼놓지 말고 깎자. 밑면에서 얼굴 윤곽까지도 곡선이 생기도록 형태를 만든다.

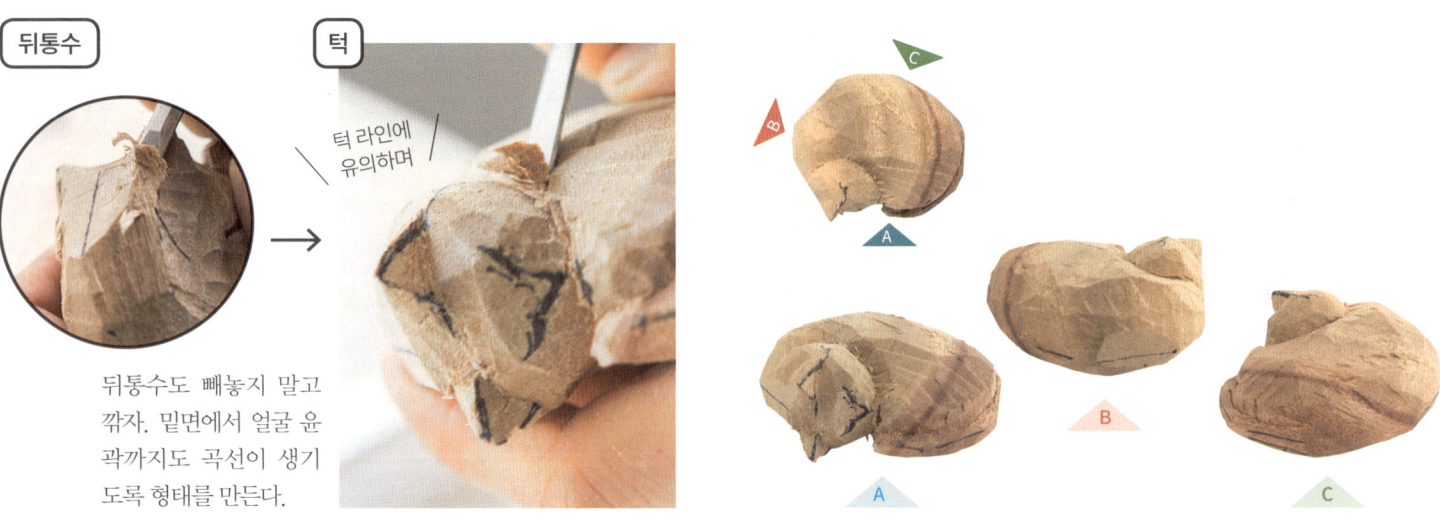

빗금 부분은
깊은 홈으로

다른 곳보다
높게 남겨둘 부분

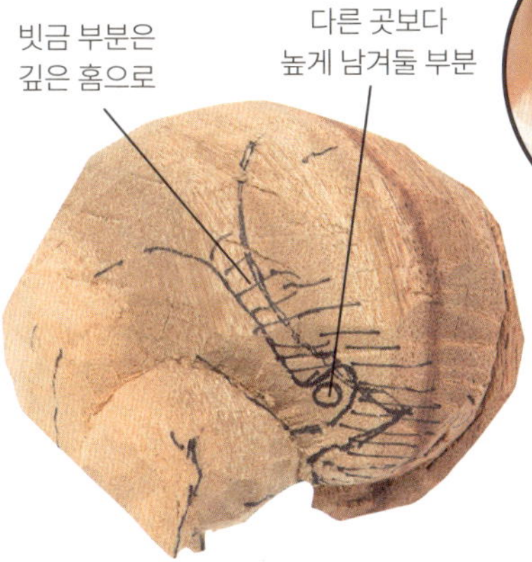

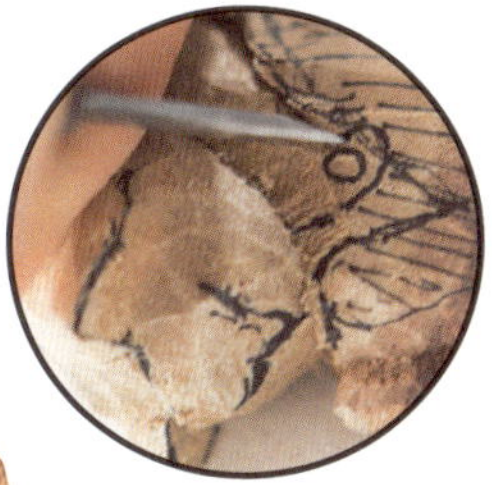

어깨·팔꿈치·손목을 따라 칼집을 내고, 깊은 홈 부분을 물 흐르듯 경사지게 깎는다. 경계를 확실히 만든 뒤 앞발 모양을 정돈한다.

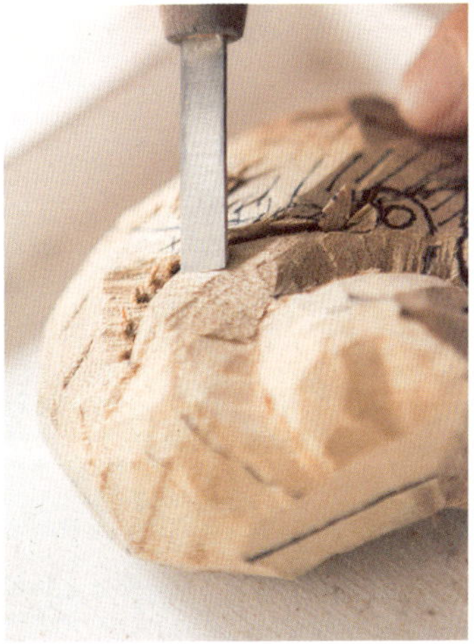

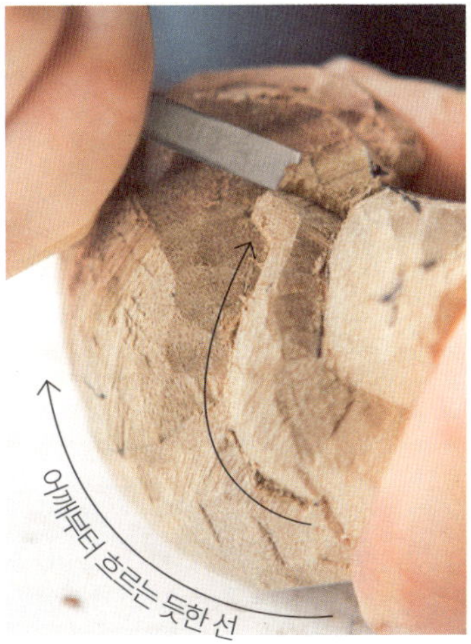

어깨부터 흐르는 듯한 선

발뒤꿈치 · 꼬리

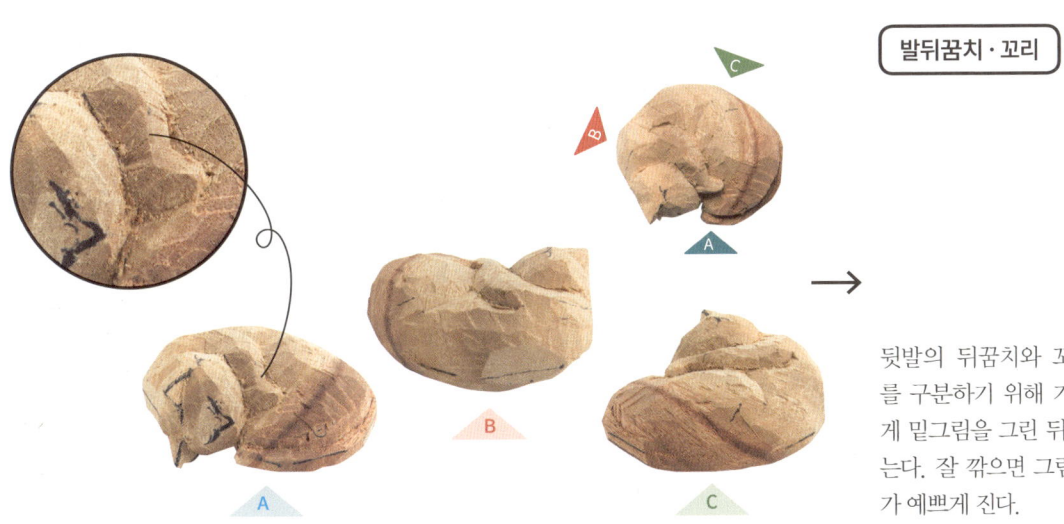

C

B

A

B

A

C

뒷발의 뒤꿈치와 꼬리를 구분하기 위해 가볍게 밑그림을 그린 뒤 깎는다. 잘 깎으면 그림자가 예쁘게 진다.

5 마무리

스케치

코부터 이마까지 경사
지게 깎고, 이마는 볼록
한 부분이 생기도록 높
낮이차를 준다.

이마

코와 입

P54 참조

수직으로 깊게 칼집을
내고, 코와 입을 벌리듯
안쪽을 조심스레 파낸
다. 섬세한 작업은 칼날
모서리를 쓰자.

눈

안구가 있다는
점에 유의하며

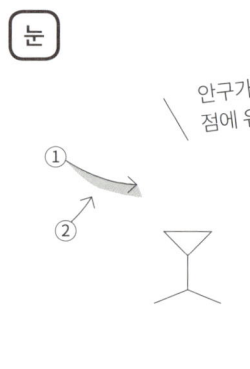

눈꺼풀 라인에 깊게
칼집을 낸 뒤, 눈꺼풀
아래쪽부터 매끄럽게
깎는다.

가는 납작칼의
모서리를 사용해요.

귀

P55 참조

귀 뒷면도
중요해!

귓구멍은 삼각형 모양을
따라 칼집을 낸다. 귀 뒷
면도 깎아서 귀를 얇고 입
체적으로 만든다.

발가락 끝

귀 뒷면과 발바닥의 볼록한 부분, 발가락 끝 등의 세부를 정성껏 조각한다. 꼬리 끝은 동글동글하게 만든다.

→

발바닥

고양이 발바닥을 만질 수 있다면, 만진 뒤 조각해보자.

발바닥은 이런 느낌

사실적인 느낌 내기

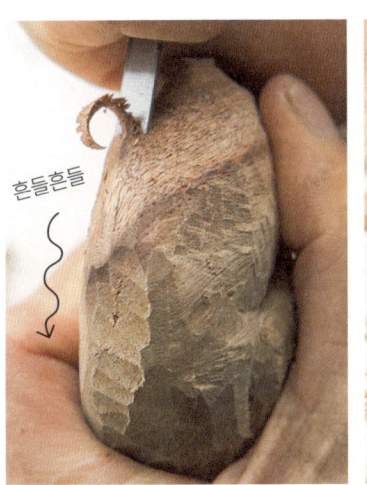

흔들흔들

다양한 칼을 써서 전체를 깎는다. 칼을 좌우로 흔들면서 깎아보자.

흔들흔들

납작칼과 둥근칼을 구분해서 쓰자!

Point

마무리 포인트

형상의 마지막을 정성껏 마무리하는 것이 조각의 중요 포인트. 모서리가 있으면 고양이답지 않으므로, 전체를 살펴가며 모난 부분이 보이면 깎아서 수정한다. 꼬리 끝 등 튀어나온 부위는 마지막에 깎자. 부서지기 쉬운 부위니 신중하게 작업한다.

→

B

C

→

A

A

B

조각은
여기까지!

C

⑥ 채색

얼굴 채색하기

세필붓

눈

코·입

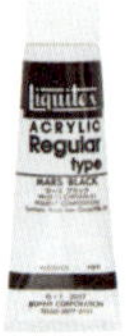

먼저 잠든 고양이의 눈을 세필붓으로 선을 넣듯 그린다. 이어서 코와 입에 선을 그려나간다.

드라이 브러시
(P56 참조)

얼굴

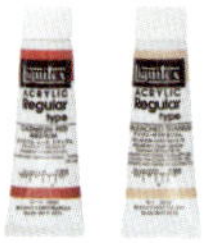

몸통

나무 색보다 어두운 색을 척척 바른다. 큰 붓으로 대담하게.

무늬 넣기

얼굴

이번에는 줄무늬!

모델에 가까워지도록 정성껏!

등

꼬리

몸통

밑면 채색하기

발바닥

발바닥의 볼록한 부분 등 작은 곳도 꼼꼼하게 채색하자. 완성하면 생동감이 살아난다.

밑면도 색칠한다. 나뭇결을 살려 칠하는 것이 포인트. 귀 뒷면이나 등처럼 가장 어두운 부분은 겹쳐 바르자.

깎은 자국을 살리자.

밑면

전체에 빛 넣기

 얼굴

흰색은 마지막에 칠하자. 입과 눈 주위를 하얗게 채색한다. 모델 고양이의 무늬대로 색을 충실하게 칠하자.

몸통

흰색으로 몸 전체에 빛을 넣는다. 털에 광택을 주듯 칠한다.

마무리

수염의 뿌리에 세필붓으로 점을 찍어 넣는다. 마지막까지 신중하게.

＼ 잘자… ／

완성

Swinging Bear

그네 타는 곰

살랑살랑 흔들리는 그네를 탄 곰.

벽에 걸거나 모빌처럼 매다는 등

아이디어에 따라 다양하게 보고 즐길 수 있습니다.

선물용으로도 좋답니다.

중급편 작품으로 도전해봅시다.

그네 타는 곰

준비물

- 목재
- 둥근칼
- 납작칼
- 연필
- 톱
- 아크릴물감
- 1.5~1.6mm 세밀 드릴
- 왁스끈(왁스코드) 0.5~1.0mm

① 밑그림 그리기

적당한 크기의
나무를
찾아보자.

곰의 특징을 파악해서 얼굴과
귀는 작게, 몸은 크고 당당하
게 그리자. 그네는 나무 가장
자리에 딱 붙인다.

나뭇결 방향

② 마름질하기

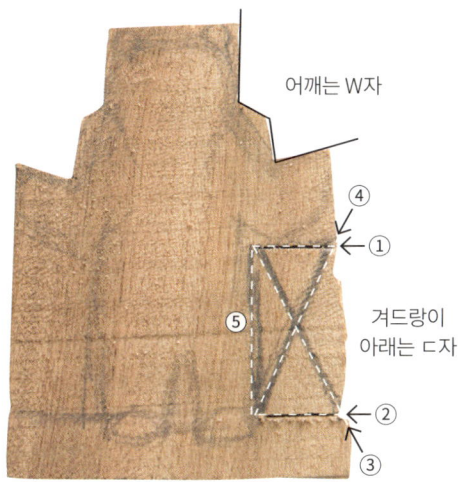

어깨는 W자

겨드랑이
아래는 ㄷ자

④
①
⑤
②
③

어깨의 W자는 L자로
두 번에 걸쳐 자른다.
남은 실루엣은 칼로 잘
라낸다.

ㄷ자 자르기

Point

ㄷ자 자르기 포인트

자를 선을 그어두면 알기 쉽다.
오른쪽, 왼쪽, 대각선 순으로
톱질을 해서 삼각형으로 잘라
낸다. 남은 부분은 큰 납작칼의
뒷날을 선에 대고 수직으로 칼
을 넣어 자른다.

이 부분은 톱으로

마지막은
납작칼로

⑤

이런 느낌으로

첫 번째 조각이
잘렸다.

③ 대강 깎기

앞쪽

가볍게 스케치

동그라미는
튀어나오는
부분

빗금은
깎는 부분

얼굴 주위

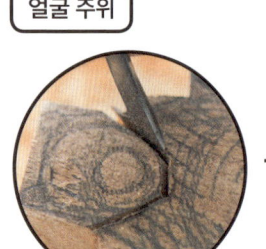

목 주변을 깊게 판 다음 얼굴을 깎는다. 튀어나온 부분을 큰 산으로 생각하고, 봉우리를 만든다는 느낌으로.

→

귀   코

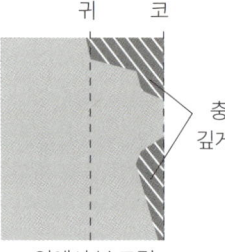

충분히
깊게 판다.

옆에서 본 그림

몸 쪽

겨드랑이와
팔꿈치 안쪽을
입체적으로 깎는다.

나뭇결

나뭇결

Point

깎는 방향의 포인트

눕혀서 수직으로 깎으면 홈이 잘 생기므로, 곰을 세워서 나뭇결 방향인 수직으로 칼질을 한다. 눕혀서 조각할 때도 나뭇결 방향으로 깎자.

손   코   손

위에서 본 그림

발 주위

이 상태가 되면
수직으로 깎는다.

칼집은
깊게

→

이 상태까지 몇 번
반복한다.

발끝에 칼집을 깊이 넣고, 통통한 배부터 다리쪽으로 크게 경사를 만든다. 발끝을 잘라버리지 않도록 주의하자.

등 쪽

상반신

이 부분만
남겨두고 나머지는
크게 깎아낸다.

측면에서도
두께를 확인

위에서 본 그림

뒷면을 깎을 때는 옆부터 스케치하면 뒷면의 어디를 깎아야 하는지 알 수 있다. 팔은 곰을 세워서 나뭇결을 따라 깎아야 한다는 점을 잊지 말도록.

팔 뒷면

머리 뒷면

옆에서 본 그림

하반신

꼬리는
작은 납작칼로

꼬리의 윤곽, 그네와 발의 경계 부분에 칼집을 내고 그 방향으로 큼직하게 깎는다.

칼집은
발뒤꿈치까지

그네에 홈이
패지 않게!

칼집을 향해

칼집을 낸다.

83

옆쪽

어깨

팔

목덜미

곰 어깨는
동글동글

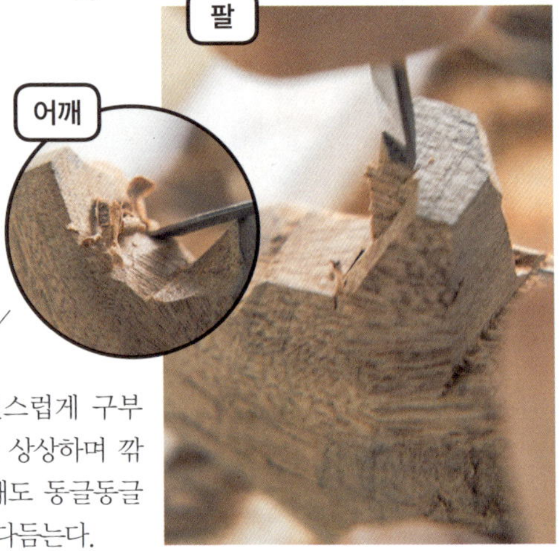

팔을 자연스럽게 구부
린 모양을 상상하며 깎
는다. 어깨도 동글동글
해지도록 다듬는다.

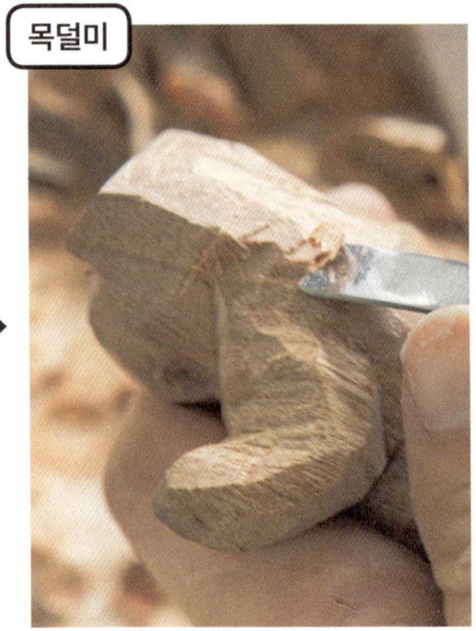

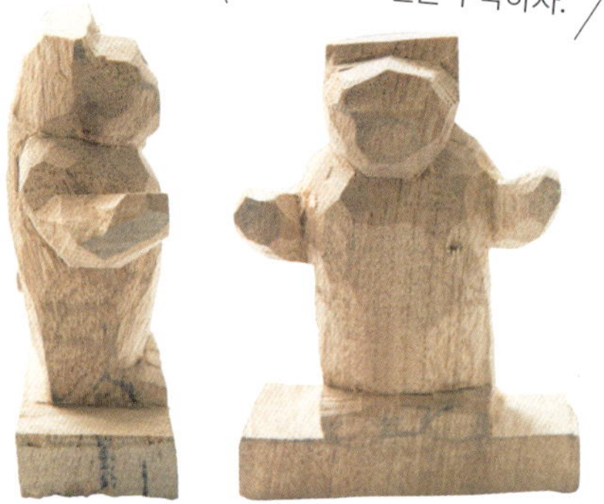

팔을 자연스럽게 만들려면
사람에게 모델을 부탁하자.

앞쪽

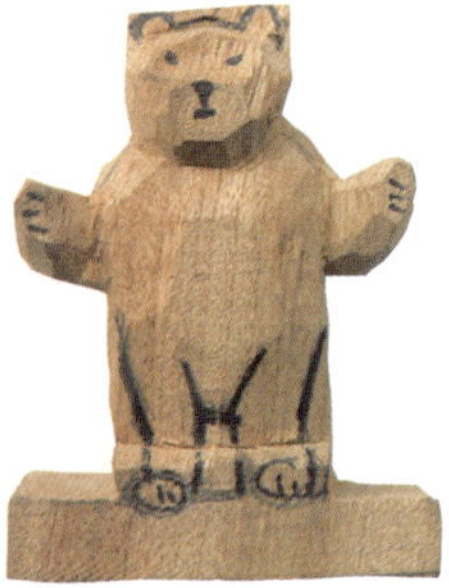

다리

다리 사이

칼집은 톱으로

칼을 수직으로
세워서

① ②

선 하나씩

하반신을 깎기 전에 한
번 더 간단히 스케치한
다. 귀도 그려두자.

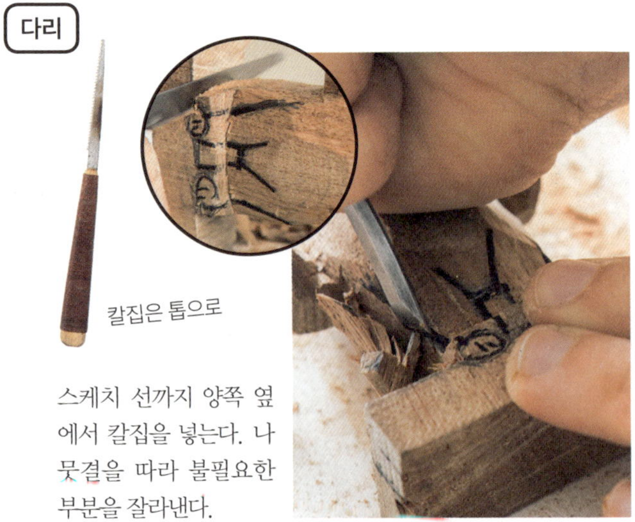

스케치 선까지 양쪽 옆
에서 칼집을 넣는다. 나
뭇결을 따라 불필요한
부분을 잘라낸다.

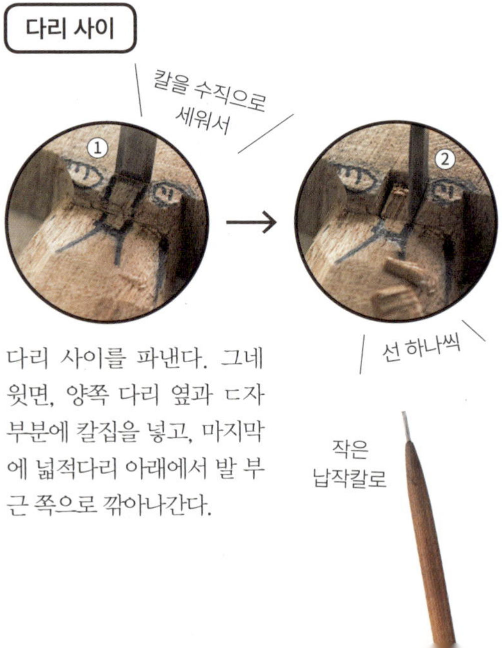

다리 사이를 파낸다. 그네
윗면, 양쪽 다리 옆과 ㄷ자
부분에 칼집을 넣고, 마지막
에 넓적다리 아래에서 발 부
근 쪽으로 깎아나간다.

작은
납작칼로

칼집 쪽으로
긁어내듯!

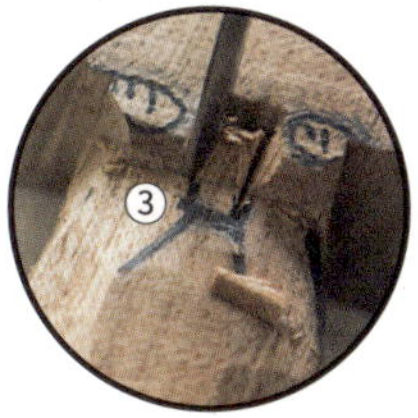

꾹꾹

③

④

칼집 쪽으로
긁어내듯!

넓적다리 사이를
만들고 있다는 점을
유념하자!

앞쪽이 절반 정도 진행되었
다면, 뒤쪽에서도 넓적다리
사이를 파낸다.

귀

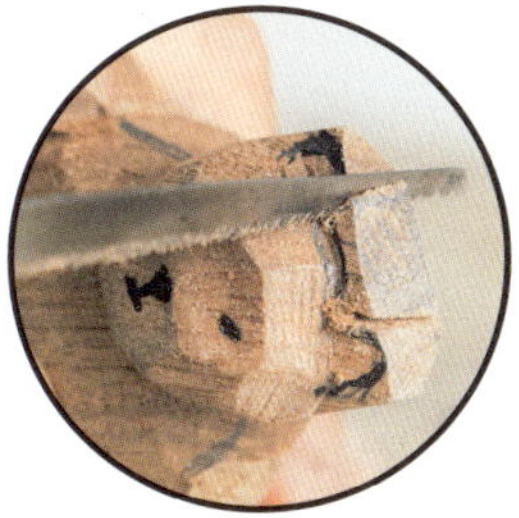

톱으로 칼집을 넣고 조
각칼로 불필요한 부분
을 깎아낸다. 귀 뒷면은
둥그스름해지도록 정성
껏 깎는다.

톱으로 자른다.

손이 코끝보다 앞으로
튀어나오지 않도록!

손끝   코끝

모서리 깎기를 잘 하면
빛과 그늘이 예쁘게 생겨.

5 마무리

얼굴 마무리하기

코

밑그림은 일단 깎아 없애고, 코부터 세부를 정성껏 만들어나간다. 우선 코끝부터 눈까지 크게 경사를 만든다. 뺨과 아래턱 부분도 깎는다.

상상 속 형태를 목표로 깎아나가자.

코끝을 표시한다.

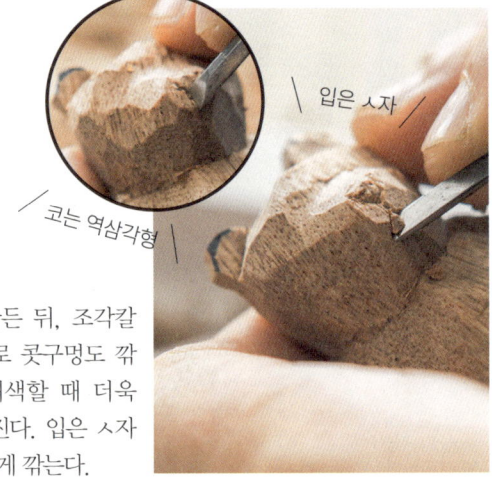

입은 ㅅ자

코는 역삼각형

코를 만든 뒤, 조각칼 모서리로 콧구멍도 깎으면 채색할 때 더욱 생생해진다. 입은 ㅅ자로 가볍게 깎는다.

주둥이

주둥이 주위에 칼집을 넣자.

주둥이를 돌출시킨다. 동물도감 등을 참조하며 깎으면 좋다.

눈

눈은 귀, 코와 일직선상에

주둥이가 시작되는 부분에

눈은 귀와 코를 똑바로 잇는 선 위에 만든다. 눈머리와 눈꼬리를 작게 넣는다. 이마와 귓구멍, 목 부근의 잘록한 부분 등을 깎아서 전체적인 얼굴을 마무리한다.

섬세한 부분은 작은 납작칼로

귀

작은 납작칼로
긁어내듯

세부 표현 ·
사실적인 느낌 내기

둥근칼로 표정을
크직하게 만들어보자!

세부는 순서에 구애받
지 말고 깎고 싶은 부분
을 깎는다. 조각법에 정
답은 없으니 자신이 귀
엽다고 생각하는 형태
를 소중히 여기자.

꼬리·몸통

손·발

손과 발을 깎는다. 주먹
쥔 손을 염두에 두고 경
단처럼 만든다. 취향에
따라 손가락 사이에 작
은 칼로 홈을 넣는다.

조각은 여기까지!

그네는 많이
다듬지 않는 편이
분위기 있어!

6 채색

얼굴

눈 속에 빛이!

흰색을 드라이 브러시 (P56 참조)로, 깎은 자국이 드러나도록 칠한다. 그네 발판은 자유롭게 채색해보자.

눈, 코, 입을 검게 칠한다. 마지막에 흰색으로 눈에 빛을 넣는다.

좋아하는 색과 무늬로

7 가공

줄을 똑바로 떨어트려서 위치를 확인하자.

손에서 그네 발판을 향해 수직으로 구멍을 뚫어 위치를 점찍고, 무게중심을 확인한다. 신중하게 구멍을 뚫은 뒤 줄을 통과시키고 끝부분을 매듭짓는다.

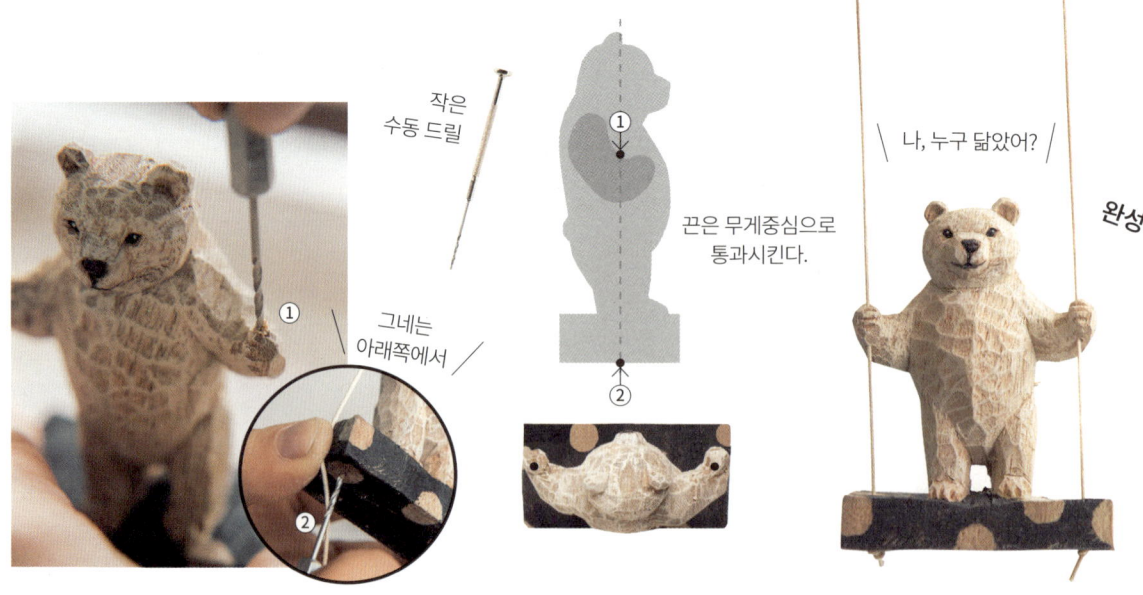

작은 수동 드릴

① 그네는 아래쪽에서 ②

끈은 무게중심으로 통과시킨다.

나, 누구 닮았어?

완성

Small Donkey

작은 당나귀

네 발로 단단히 땅을 딛고 선 모습, 커다란 귀, 순한 눈.

당나귀 조각은 깎아 넣어야 할 요소로 가득 차 있습니다.

도감을 보거나 직접 동물원에 취재하러 가는 등

자세히 관찰해서 세부까지 찬찬히 조각해보세요.

작은 당나귀

준비물
- 목재
- 둥근칼
- 납작칼
- 연필
- 톱
- 아크릴물감

① 밑그림 그리기

나뭇결 방향

데생과 사진, 동물도감 등을 보며 밑그림을 그린다.

ㄷ자 자르기 응용
(P81 참조)

② 마름질하기

갈기를 남기자!

톱

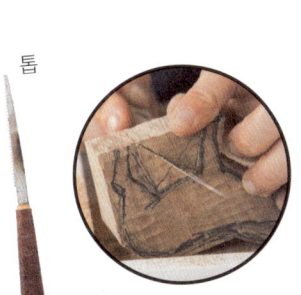

윤곽선을 따라 톱으로 잘라낸다.

---

③ 대강 깎기

다리

앞다리

뒷다리

앞다리 사이, 뒷다리 사이를 띄워야 하므로 뒷면에 표시를 해둔다. 톱을 양쪽 다리 안쪽의 몸통 부근까지 넣고, 위에서 갈라 깨부수듯 칼로 깎는다.

우선 톱으로 칼집을

톱과 납작칼을 구분해서 쓰자.

다리 사이의 불필요한 부분을 깎자!

뒷다리 사이는 삼각형으로 잘라낸다.

얼굴

옆얼굴도 중요해!

정면에서 본 당나귀 얼굴을 간단히 스케치한다. 갈기를 잊지 말자. 톱으로 정면 얼굴의 선을 잘라낸다.

갈기를 남기고 귀 주위도 자른다.

귀와 이마를 구분해서 깎는다.

당나귀와 같은 초식동물의 얼굴을 깎을 때는 동물도감 등을 참고해서 모서리를 깎아나간다.

목

턱부터 목까지 하나의 흐름으로

갈기

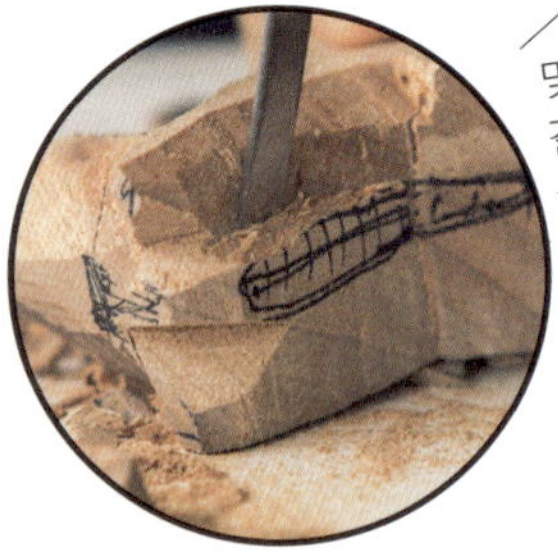

몇 번이고 반복하며 갈기를 만든다.

갈기 부분은 당나귀를 옆으로 눕힌 채 수직으로 위에서 칼질하되, 스케치 선까지 남기고 긁어내듯 깎는다.

높낮이차가 생겼다!

등 ~ 엉덩이

등에서 엉덩이까지는 경사를 크게 만든다. 지금 깎는 부분이 어디인지, 해당 부위(어깨, 허리, 엉덩이)와 근육, 골격 등을 염두에 두고 깎자.

꼬리

꼬리 라인에
칼집을

엉덩이 곡선을
생각하며!

뒷다리의 실루엣과 꼬리를
스케치한다. 스케치 선을
남기고 주변을 깎는다.

뒷다리

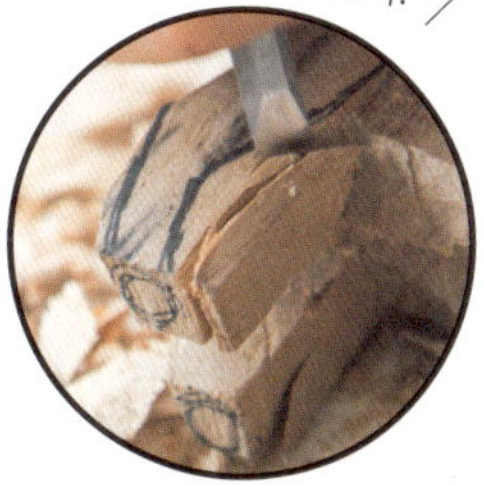

다리 라인을
깎는다.

뒤쪽은 엉덩이도
신경 써서

깎는 방향

한 번에 깎으려 하면 나무
가 쪼개지므로, 힘을 빼고
조금씩 깎는다. 다리 끝에
서 몸통을 향해 깎으면 잘
쪼개지지 않는다.

4 모서리 깎기

배

당나귀
골격의 흐름

당나귀 다리와 몸통이 만나
는 부분, 어깨나 허리에는 골
격 라인이 있다. 넓적다리나
어깨의 라인을 스케치한 뒤
배 부분을 깎자.

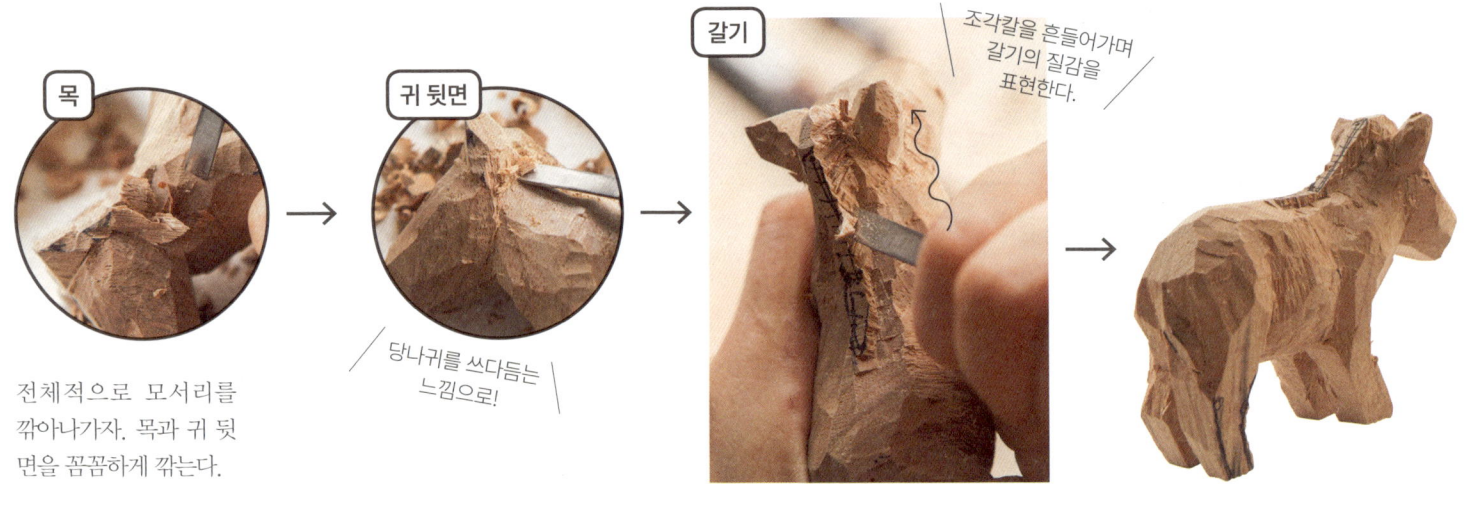

| 목 | 귀 뒷면 | 갈기 |

조각칼을 흔들어가며 갈기의 질감을 표현한다.

당나귀를 쓰다듬는 느낌으로!

전체적으로 모서리를 깎아나가자. 목과 귀 뒷면을 꼼꼼하게 깎는다.

| 머리·목 | | 다리 |

다리를 제외한 전체의 모서리를 구석구석 다듬는다. 턱을 꼼꼼하게 깎아서 목과 구분한다.

마지막으로 다리를 신중하게 얇게 깎는다. 옆에서 힘을 주지 말고, 아래(말발굽)에서 위(몸통)로 칼질한다.

Point

나쁜 예

당나귀를 세우고 위에서 아래로 칼질하면 나뭇결을 따라 다리가 쪼개져버린다.

당나귀다워졌어!

앞다리

뒷다리

골격이 확실히 보여.

Point

다리가 부서졌다면

순간접착제로 응급 처치를 하
자. 단단하게 붙이려면 목공본
드로 붙인 후 고무밴드로 고정
해서 하룻밤 둔다.

마무리

세부 마무리하기

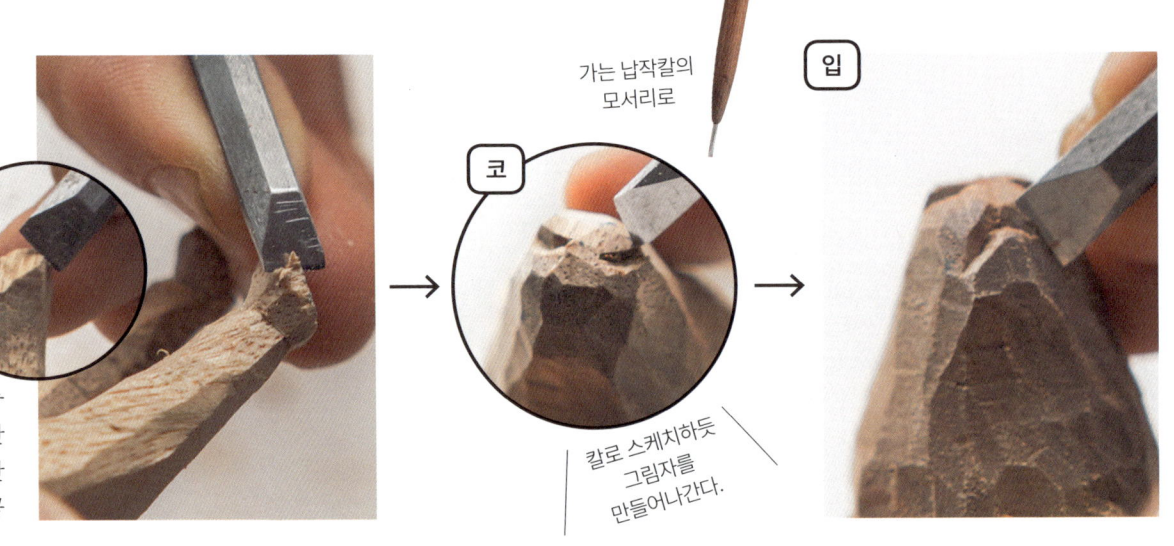

말발굽

나뭇결을 잘 관찰해서 날카롭게 깎으면 단단한 말발굽을 만들 수 있다. 손과 조각을 단단히 고정하고 마지막까지 꼼꼼하게 깎는다.

코

가는 납작칼의 모서리로

칼로 스케치하듯 그림자를 만들어간다.

입

눈

아래쪽 절반을 깎은 뒤 안구를 만든다.

당나귀는 속눈썹이 기니 눈꺼풀을 큼직하게 만들고, 눈꼬리를 처지게 깎는다. 쌍꺼풀을 만들면 더욱 당나귀다워진다.

갈기

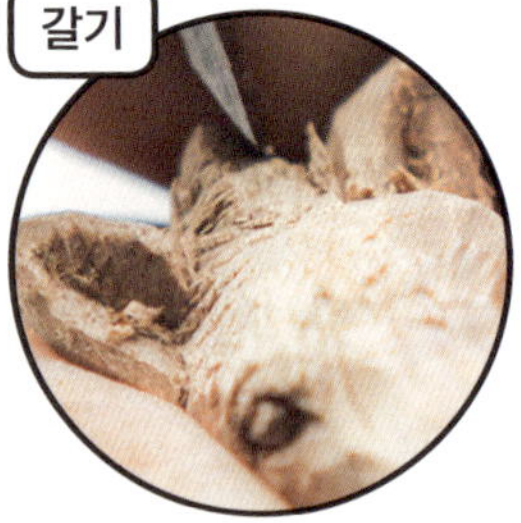

귓구멍, 갈기, 뺨을 섬세하게 깎는다. 전체를 살피며 사실적인 당나귀의 모습을 만들어나간다.

뺨

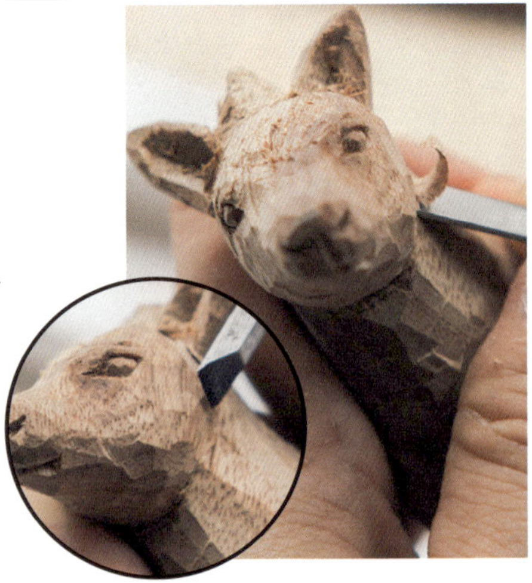

목각이지만
걸을 것 같아.

조각은
여기까지!

⑥ 채색

검은색

눈·코·입

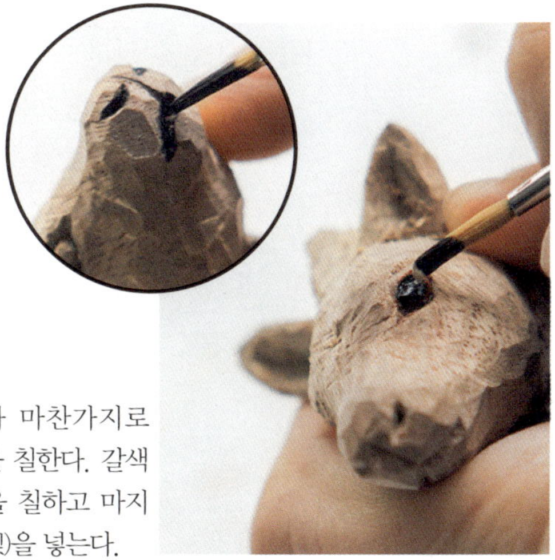

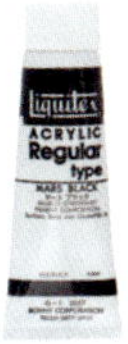

지금까지와 마찬가지로 눈부터 색을 칠한다. 갈색과 검은색을 칠하고 마지막에 흰색(빛)을 넣는다.

회색

눈·코·입
주위는 피해서

얼굴

몸통

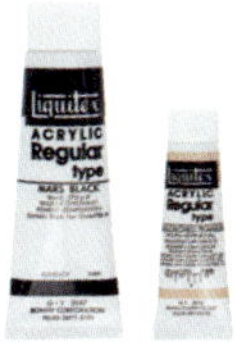

몸통은 회색(흰색+검정색)으로 과감하게 드라이 브러시(P56 참조)로 칠한다.

꼬리

말발굽

귀 · 갈기

눈 주위 · 코끝

말발굽, 꼬리 끝, 귓바퀴에 검정색을 칠한다. 갈기도 칠하자.

마무리로 흰색을 눈 주위와 코끝에 칠하고, 전체적으로도 폭신폭신한 느낌과 광택을 주듯이 칠한다.

나풀대는 꼬리!

완성

Portfolio
작품집

작품 소개

츠키(검정 시바견 / 미에)

백곰(아틀리에 간판)

사멜·다마니(가젤 / UAE)

큐(오랑우탄 / 다마 동물공원)

레온(카멜레온)

긴코원숭이(보루네오)

코뿔소(히가시야마 동식물원)

만주로(맨드릴 / 히가시야마 동식물원)

지비(삼색 고양이 / 도쿄조형대학)

고마(붉은귀거북 / 미에)

체스 말

코끼리 고래 브레멘

쿠브즈(비둘기 / UAE)

소바(양)·초코(염소)

좌)벨·우)동
(잡종·시바견 / 아이치)

낙타(UAE)

다라(줄무늬 고양이 / 도쿄)

디에고(불독 / 도쿄)

좌)개 브레멘
우)고양이 브레멘

개 브레멘

뉴랴(갈색 줄무늬 고양이 / 후쿠오카)

뉴리(갈색 줄무늬 고양이 / 후쿠오카)

무사시(고릴라 / 우에노 동물원)

지요코(참새 / 미에)

침팬지 가족(다마 동물공원)

비지(흰눈썹긴팔원숭이 / 아이치)

아피(아프리카여우 / 도쿄)

개들

링 필로*

시나몬(흰 줄무늬 고양이 / 후쿠오카)

악어(바나나와니엔)

가메키치(러시아 육지거북 / 오키나와)

낙타 카라반(UAE)

좌)미키(네덜란드 드워프 / 후쿠오카)

미어캣 음악대(히가시고엔 동물원)

동물들의 최후의 만찬

츠키(검정 시바견 / 미에)

고양이들(후쿠오카)

목마

달과 츠키와 고양이

좌)니코 · 우)이쿠라
(삼색 고양이·얼룩 고양이 / 도쿄)

츠키 마리오네트(검정 시바견 / 미에)

* 결혼식 때 교환할 반지를 올려두기 위한 작은 쿠션 같은 것.

목각 동물 견본

'첫 목각'으로 만든 동물 5개의 견본입니다.

목재의 크기는 어디까지나 기준일 뿐이니 정확히 잴 필요는 없어요.

목각에 익숙해지면 자유롭게 크기와 형태를 바꾸어가며 조각해보세요.

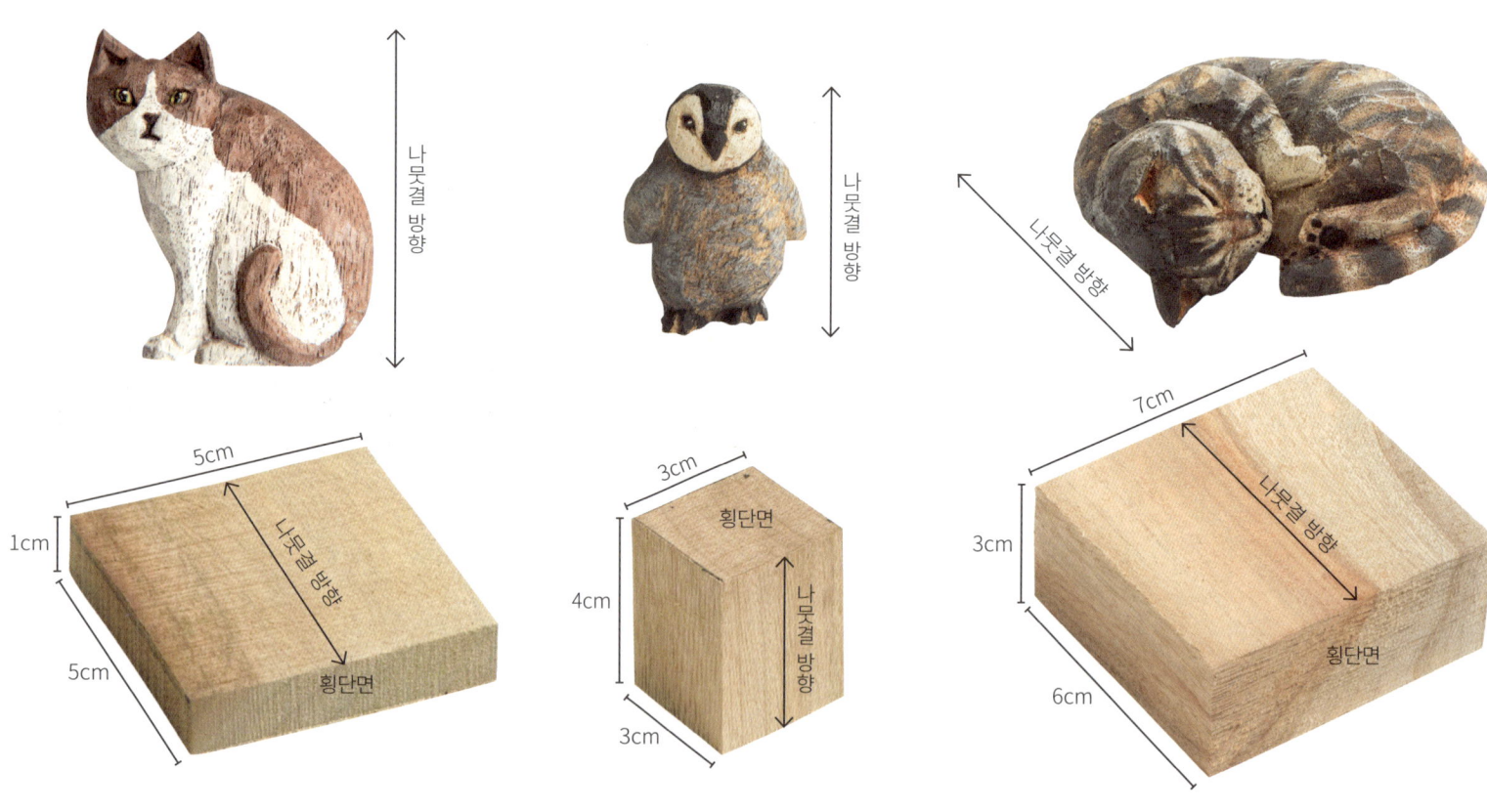

6cm

횡단면

8cm

나뭇결 방향

3cm

나뭇결 방향

10cm

횡단면

7cm

나뭇결 방향

3cm

나뭇결 방향

129

조각에 임하는 열 가지 마음가짐

1. 조각의 본질은 입체감이며, 조각의 생명은 시를 짓는 마음이다.

2. 구조를 생각하라. 구조가 없으면 존재도 없다.

3. 자세는 강과 같이, 동세는 물의 흐름과 같이.

4. 조각의 깊이는 근육의 형태 속에 숨어 있다.

5. 전체를 파악하라. 한 순간을 붙잡고, 한 표정을 붙잡고, 한 측면을 붙잡는 것은 조각이 아니다.

6. 모든 우연적 효과를 버려라. 터치에 망설임이 있어서는 안 된다.

7. 효과를 나열하는 것은 경박한 짓이다. 재주가 있어도 없는 듯 하라.

8. 닮게 만들려 애쓰지 마라. 구조와 근육을 얻으면 초상은 절로 만들어진다.

   통속적 닮음을 오히려 부끄러워하라.

9. 나무를 깎는 비결은 끊임없이 작은 칼을 가는 것이다.

   칼날을 날카롭게 만들기 위함이 아니라, 작은 칼을 손가락처럼 쓰기 위함이다.

10. 항상 자연을 관찰하라. 자연에 조각이 충만하다.

Epilogue

저의 첫 동물 목각은 집을 나가서 없어져버린 고양이를
추억하기 위해 만든 조각이었습니다.
첫 조각은 너무도 어려웠고, 분명 함께 살았는데 아무것도 떠올릴 수 없었습니다.
좀 더 자세히 보고, 자주 쓰다듬고, 기억해놓았다면 좋았을 텐데.
그런 무척 슬픈 기분으로 조각을 했던 일을 기억합니다.

그로부터 십수 년, 생각날 때는 언제나 동물들의 조각을 만들어왔습니다.
마음대로 되지 않을 때, 잘 만들지 못했을 때, 체력이 부족할 때 등
괴로운 적도 많았지만
조각을 통해 다시 한 번 잃어버린 그 아이를 만질 수 있었고,
그 아이가 존재했던 풍경과 만날 수 있었습니다.
그런 조각이 선사해준 순간순간의 소중한 추억을
많은 분들이 체험해보시면 좋겠다고 생각했습니다.

여러분도 꼭 작은 목각 동물들을 만들어보세요.
그러면 언젠가 우리 주변이 좋아하는 동물들, 만난 동물들로 가득 차겠지요.
조각을 볼 때마다 눈물이 날 정도로 그 아이를 떠올리곤 합니다.
작디작은 조각이지만, 쓰다듬으면 마음에 온기가 차오릅니다.
이제부터 조각이 될 동물들이 놓일 수많은 풍경은
우리의 일상을 매우 아름답고 즐겁게 물들여줄 것입니다.

따라하다 보면 작품이 되는 목조각 입문

처음 만드는 동물 목각 인형

1판 1쇄 펴낸날 2017년 2월 6일

지은이 | 하시모토 미오
옮긴이 | 이지수

펴낸이 | 박경란
펴낸곳 | 심플라이프
등 록 | 제2011-000219호(2011년 8월 8일)
전 화 | 02-338-3338
팩 스 | 02-332-3339
이메일 | simplebooks@daum.net
블로그 | http://simplebooks.blog.me

ISBN 979-11-86757-14-7 13590